rowohlt
POLARIS

MARLENE SØRENSEN

UND JETZT?

FRAGEN AN
DAS LEBEN
MIT 40.
ANTWORTEN
FÜR IMMER

ROWOHLT POLARIS

Originalausgabe
Veröffentlicht im Rowohlt Taschenbuch Verlag,
Hamburg, Dezember 2022
Copyright © 2022 by Rowohlt Verlag GmbH, Hamburg
Covergestaltung Hauptmann & Kompanie Werbeagentur, Zürich,
nach einem Entwurf von James Castle
Satz aus der Karmina bei Pinkuin Satz und Datentechnik, Berlin
Druck und Bindung GGP Media GmbH, Pößneck, Germany
ISBN 978-3-499-00799-6

Die Rowohlt Verlage haben sich zu einer nachhaltigen Buchproduktion
verpflichtet. Gemeinsam mit unseren Partnern und Lieferanten setzen
wir uns für eine klimaneutrale Buchproduktion ein, die den Erwerb von
Klimazertifikaten zur Kompensation des CO_2-Ausstoßes einschließt.
www.klimaneutralerverlag.de

MIX
Papier | Fördert
gute Waldnutzung
FSC® C014496

FÜR ALLE,
DIE
MITTENDRIN
SIND

INHALT

«We turn not older with years
but newer every day.»

EMILY DICKINSON

EINLEITUNG

Im Herbst 2021 flog ich mit drei meiner ältesten Freundinnen – die, die ich am längsten kenne, aber auch: die ältesten – für ein langes Wochenende ans Meer. Auf die Idee für diese Reise waren wir auf der Geburtstagsparty zum Vierzigsten von einer von ihnen gekommen, auf der wir bis morgens tanzten, was sich nicht mehr so oft ergibt wie früher und erst recht nicht in dieser Konstellation: Wir kennen einander seit fast dreißig Jahren, sehen uns aber nur selten, da wir über drei Länder verstreut leben. Die Gin-Tonic-Laune, in der wir den Plan zu «nur wir vier» gefasst hatten, hielt länger an als der Kater am Morgen danach. Während wir die Reise einige Jahre zuvor entweder sofort als Schnapsidee abgetan oder auf später vertagt hätten – später, wenn die Kinder aus dem Gröbsten raus sind; später, wenn der Alltag nicht so eng getaktet ist; später, wenn die Urlaubstage verfügbarer sind –, fing ich im Anschluss an die Party sofort an, nach freien Wochenenden und Flügen zu suchen. Ich war plötzlich sehr in Eile, nicht «irgendwann mal» zusammen zu verreisen, sondern jetzt. Zum Zeitpunkt der Party war meine Freundin S. bereits 41; sie hatte die Feier des runden Geburtstags vom Vorjahr nachgeholt – die Pandemie.

Die Pandemie hatte die Zeit sowohl ausgebremst als auch beschleunigt. Einerseits häuften sich mit jedem weiteren Lockdown die Murmeltiertage – und ich sah zwar zunehmend so zerzaust aus wie Bill Murray, der in *Und täglich grüßt das Murmeltier* bekanntermaßen gestraft ist, die gleichen 24 Stunden immer wieder zu erleben, würde aber, das wurde bald klar, keine Murray-gleiche Läuterung erleben. Im Verlauf des Films lernt er unter anderem, Klavier zu spielen und Eisskulpturen zu schnitzen. Ich dagegen würde nicht das Wohnzimmer streichen, eine Sauerteigkultur ansetzen oder Marcel Prousts siebenteiligen Romanzyklus *Auf der Suche nach der verlorenen Zeit* lesen, da ich reichlich damit zu tun hatte, im Homeoffice und bei unregelmäßiger Kinderbetreuung von Tag zu Tag zu kommen. Andererseits tickte die Uhr weiter. Die Pandemie, es wird niemanden überraschen, hat die Alterung der Menschen rasant vorangetrieben. An der Stelle meiner Freundin wäre ich auch noch mal vierzig geworden.

Diese Zeit ließ sich nicht zurückgewinnen. Ich war mir nicht einmal sicher, ob ich etwas Fundamentales aus ihr gelernt hatte, außer dass man sich an fast alles gewöhnt, ich zum Beispiel daran, mich sechs Monate lang morgens im Halbdunkeln an- und abends wieder auszuziehen, weil ich keine Energie übrig hatte, eine Glühbirne im Schlafzimmer auszuwechseln.[1]

Wie könnte ein anderes Danach aussehen? Was würde ich aus dem Davor behalten wollen? Ich wusste nur, was mir fehlte: die Leichtigkeit. Ein Wochenende, das ich mir unter normalen Umständen wieder ausgeredet hätte, klang danach. Meine Freundinnen hatten ähnliche Gedanken, denn wir fanden die Zeit zum Zusammensein. Warum warten? Und worauf? Nächstes Jahr? Wer weiß, wie das werden würde.

---

1 Die Pandemie und ihre Folgen werden auf den nächsten 224 Seiten immer mal wieder ein Thema sein, weil zufällig zwei Ereignisse aufeinandertrafen: mein Übertreten in die Vierziger und eine globale Katastrophe. Dies ist aber kein Buch über Krisen – weder gesundheitliche noch sich stetig häufende und scheinbar nahtlos ineinander übergehende weltpolitische, denn die können andere besser analysieren und einordnen als ich, noch die Midlife-Crisis, auch wenn dieser Begriff auftauchen wird. Es werden im Folgenden keine schnellen Sportwagen angeschafft oder hastig Affären begonnen. Ich werde allerdings, so viel vorweg, zu einer neuen Wertschätzung von guter Beleuchtung finden.

Am zweiten Tag auf der Insel hielten wir auf einem Parkplatz, um Scheibenwischerflüssigkeit nachzufüllen. Besser gesagt: Wasser, das wir aus einer halb leeren Trinkflasche hoffentlich in die richtige Öffnung gossen. Neben uns parkte ein um einiges weniger verstaubter Wagen, auf der Beifahrerseite eine Frau, die uns zusah. Als wir wieder eingestiegen waren, sagte S.: «Kamt ihr euch auch gerade vor wie Teenager, die zum ersten Mal mit dem Auto unterwegs sind und von einer Erwachsenen beobachtet werden?»

Die Frau mag gar nicht viel älter gewesen sein als wir, aber alles an ihrer Erscheinung – der SUV, das gepflegte Auftreten, die vom Küstenwind unbeeindruckte Frisur – wirkte erwachsener, als wir uns erschienen, mit sandigen Füßen und Spice Girls im Autoradio. Als wir weiterfuhren, dachte ich darüber nach, warum sich vier Frauen um die vierzig wie Jugendliche fühlten, obwohl wir längst nicht mehr in Schullandheimen die Ferien verbringen, sondern in Hotels mit Pool. In einem Feriencamp auf dem dänischen Land hatten wir uns kennengelernt, wo ich nicht nur die Muttersprache meiner Mama lernte, sondern über vier Sommer hinweg Wissenswertes über Marlboro Lights und Engtanz erfuhr. Formende Jahre. Neben Dänisch lernte ich dort Englisch; und das Selbstvertrauen, Jahre später allein nach England zum Studieren zu gehen, nahm ich aus diesen Sommern auch mit. Es ist ein genialer Trick der Zeit, dass sie in prägenden Momenten stehen bleibt. So muss man sich nie von ihnen verabschieden, auch wenn neue Erinnerungen dazukommen. Für mich werden diese Frauen auf ewig ausgefranste Denim-Shorts tragen und in Zitronenwasser getränkte Haare. Was hatten wir damals im Kopf, außer den Nonsens zu glauben, dass die Säure unsere Strähnen in der Sonne blondieren würde? Sicher verschwendeten wir nicht auch nur einen Gedanken daran, wie das Leben mit vierzig sein würde.

Ich hatte nicht mal *an* dem großen Geburtstag einen Plan von diesem Alter. Mir gefiel allerdings die Vorstellung, dass mit dem Vierzigsten die Fragen aufhören würden, wie es mir damit ginge, oftmals mit einem pietätvollen Unterton gestellt, sodass ich selbst anfing, mich zu fürchten. Dabei hatte ich keine Angst. Ich war eher unschlüssig. Jedes Jahrzehnt davor war durch bestimmte Ziele und Wünsche definiert gewesen, wie die Ausbildung abzuschließen oder Mutter zu werden.

Und jetzt?

Würde nicht mehr viel passieren. Jedenfalls nicht viel Gutes, wie mir schien, als ich auf der Suche nach Anhaltspunkten, was auf mich zukommen würde, anfing zu lesen.

In Deutschland erleben Menschen durchschnittlich mit 44 ihr großes Krisenjahr.

Hat man das überdurchschnittlich krisenfrei hinter sich gebracht, wartet, so ein europäischer Vergleich, mit 47 die nächste Gelegenheit für das unglücklichste Alter.

Was man zu dem Zeitpunkt womöglich schon erledigt hat: die Scheidung, denn die meisten Ehen werden nach dem 45. Lebensjahr geschieden.

Wovon Frauen am wenigsten profitieren, denn: Ab dreißig sinkt ihr Einkommen stetig, vor allem durch die Mutterschaft, sodass sie sich spätestens in mittleren Jahren in ökonomische Abhängigkeit begeben haben, da sie ihren Lebensunterhalt nicht eigenständig erwirtschaften können.[2]

Und das alles erlebt man in mehr oder minder angespannter Verfassung, da man physisch eine so massive Wandlung durchlebt

---

2 Was erklären könnte, warum es das bekannte Klischeebild vom Mann in der Lebenskrise gibt, nicht aber von der Frau. Sie hat schlicht nicht genug Geld, um Ferraris anzuschaffen und andere Fantasien zu finanzieren.

wie zuletzt als Teenager. Fühlten wir uns auf dem Parkplatz deshalb wie Jugendliche? Möglich ist es. Ich wusste zu dem Zeitpunkt allerdings noch nicht, dass mein Körper bereits an der Startlinie einer hormonellen Rallye stand.

Nach der Lektüre von Studien und Statistiken blieb das Gefühl von: Ganz lieben Dank für die guten Jahre, das war's jetzt.

Hatte meine Freundin J. recht mit ihrem Bild von der Wippe, das sie einmal für dieses Alter verwendete? Auf der einen Seite ist die Jugend, in der alles aufwärtsgeht. Mit vierzig steht man auf dem Scheitelpunkt. Danach kann es nur noch abwärtsgehen.

Eine Annahme, so las ich weiter, die zu einer selbsterfüllenden Prophezeiung werden kann. *Was* wir über das Alter denken, wirkt sich darauf aus, *wie* wir altern. Zu diesem Ergebnis kommt Yale-Professorin der Psychologie Dr. Becca Levy in ihrem Buch *Breaking the Age Code*. Ihren Untersuchungen zufolge leben Menschen, die Gutes erwarten, bis zu siebeneinhalb Jahre länger als die, die mit dem Schlimmsten rechnen. Die Vorstellung, dass man etwa im Alter zu Weisheit gelangt, wirkte sich positiv auf das Gedächtnis wie auch auf die Balance und die tatsächliche Schrittgeschwindigkeit aus. Die Erwartung von zunehmender Tatterigkeit führte dagegen dazu, körperliche Aufgaben schlechter ausführen zu können. Eine bejahende Einstellung resultiert nicht notwendig in einem positiven Alterungsprozess, gegen körperlichen Verfall kommen gut gemeinte Glaubenssätze kaum an, doch laut Dr. Levy sind Menschen, die davon ausgehen, dass es später nicht nur schlecht wird, besser gewappnet, denn sie ernähren sich gesünder, investieren Zeit in Fitness und sorgen sich um ihre medizinische Versorgung.

Auftrieb statt Absturz – eine Erwartung, die das prophezeite Stimmungstief der mittleren Jahre lichten kann. Das würde bestätigen, was die Zufriedenheitsforschung – ja, es gibt sie wirklich – als U-Kurve-Effekt beschreibt: In der Jugend legt man voller Elan los, um in der Halbzeit zu realisieren, dass nicht alle Lebensträume in Erfüllung gehen, woraus man genug Erkenntnis gewinnt, um danach mit der erwarteten Weisheit einen Aufschwung zu erleben. Das bessere Bild für dieses Alter als das von der Wippe ist demnach das von einer Schaukel.

In beiden Bildern ist diese Zeit eine der Wende. In den allermeisten Erzählungen dagegen eher eine des Zusammenbruchs. Mit jedem Artikel, in dem es um die «fragile Altersklasse» ging, die vor lauter Panik, zurückgelassen zu werden, in einen peinlichen Jugendwahn verfällt; in dem über «Frauen eines gewissen Alters» und ihre Verzweiflung geschrieben wurde; in dem es um die wunderlichen Vierziger ging, wuchs meine Langeweile. Nicht mit meinem Alter, sondern mit den Pauschalannahmen darüber. Zerbrechlich, hilflos, trübsinnig – so sah ich die Frauen um mich herum nicht. Das entsprach auch nicht dem, wie ich diese Zeit empfand, als kompliziert, aber furchtloser.

Zugegeben: Das, was ich heute unter einem ausschweifenden Abend verstehe, hätte ich früher entsetzlich langweilig gefunden. Man trifft sich um 19 Uhr, und um 23 Uhr liegt man im Bett. Auf einem dieser Abende saß ich vor einiger Zeit mit zwei Freundinnen draußen im Restaurant, als zwei Jungs an unseren Tisch traten, um Zigaretten zu schnorren. «Seid ihr dafür nicht zu jung?», sagte ich – und bereute es sofort, als sie mit hochroten Köpfen abzogen. Nach dem Essen fuhren eine der Freundinnen und ich angenehm beduselt und in wohl nicht ganz geraden Linien auf unseren mit Kindersitzen ausgestatteten Fahrrädern halb aus der Puste und kichernd einen Berg hoch, als zwei jüngere, leider gut aussehende Typen entspannt an uns vorbeiradelten: «Na, Ladys, heute Abend kinderfrei?»

Was lernt man daraus? Das Karma holt einen am Ende immer ein. Erstens. Zweitens: Andere mögen mich belächeln, aber ich habe kaum noch ein Problem damit, mich zum Esel zu machen. Wie oft habe ich in der Vergangenheit darüber nachgedacht, ob ich uncool rüberkam, mich peinlich benahm, zu dämlich fragte? Zu oft, um es heute noch zu wollen. Außerdem hat sich längst gezeigt, dass es in Gesellschaft anderer Esel sehr viel lustiger ist als in einer Runde von Showponys.

Es kommt mir seltener darauf an, wie ich dastehe. Mich interessiert vielmehr, wo ich stehe. Ankündigungen der Art, dass vierzig das neue dreißig ist, machen mich daher misstrauisch. Die Menschen werden heute älter, also verschiebt sich der Lebensmittelpunkt nach hinten. So betrachtet ist nachvollziehbar, warum vierzig nicht mehr so gesehen wird wie einst.[3] Man kann sich daher darüber streiten, wann das mittlere Alter beginnt. Ist vierzig zu früh? Wäre fünfzig angemessener? Und wer bestimmt das? Für mich ist entscheidend, dass sich meine Anliegen veränderten. Es sind andere als die einer Jugendlichen oder auch die einer Pensionistin. Selbst wenn man «vierzig ist das neue dreißig» nicht unter dem biologischen Aspekt sieht, sondern es als Gegenansage zu Stereotypen über das Altern versteht: Ich möchte nicht noch einmal dreißig sein. War ich schon. War auch nicht schlecht. Muss ich trotzdem nicht wiederholen, denn eine Überarbeitung ist nur nötig, um etwas umzuschreiben. Ich möchte lieber vierzig sein und darüber etwas herausfinden.

Zum Beispiel, wie es mir noch besser gelingt, nach einem Abend nicht komplette Unterhaltungen zur Analyse zurückzuspulen. Was mir schon mal leichter fällt, seit es zuletzt kaum Gelegenheiten für

---

3 Auch kulturell nicht. Kaum vorstellbar, dass eine 42-Jährige heute als Werbeträgerin für Schönheitsprodukte entlassen werden würde, da ihr Aussehen keine Sehnsüchte mehr weckt, so wie es Isabella Rossellini in den Achtzigerjahren mit Lancôme erging, oder dass man Anne Bancroft, die in *Die Reifeprüfung* ebenfalls eine 42-Jährige darstellte, als lüsterne Alte verstünde. Oder? Wir werden sehen.

Veranstaltungen mit Small Talk gab – im Grunde nur ein anderes Wort dafür, so zu tun, als wären wir nicht alle gleich albern. Small Talk ist nichts, was ich aus dem Davor vermisse und im Danach viel brauchen möchte.

Die Gespräche an dem Insel-Wochenende drehten sich um die Alzheimererkrankung des Vaters einer Freundin, die ihre Mutter bereits verloren hatte, und ihre Überlegungen, ob sie ihn zu sich nach Hause holen oder wie sie damit umgehen solle, wenn er anders betreut wohne. Mit der zweiten Freundin beratschlagten wir, ob sie für einen Job in ein anderes Land ziehen solle, samt Familie, sie versuchte schließlich seit fünf Jahren, den Absprung aus ihrer Firma zu schaffen, war sich aber unsicher, ob sie es für diese neue Stelle wagen sollte. Die dritte überlegte, wie sie sich selbstständig machen könne und ob es dafür nicht zu spät sei. Ich berichtete von den Ängsten um meinen Sohn. Wir redeten über Mutterschaft und die Herausforderungen daran. Dann lachten wir über die Kinder, diskutierten unsere Beziehungen, gingen nackt baden, bestellten Desserts zum Teilen, Wein zum Mittagessen, und als wir am Ende auseinandergingen, stand ich mit Tränen in den Augen am Flughafen: vor Freude, dass ich mir die Zeit für diese Reise genommen hatte, für die eigentlich keine Zeit gewesen war, und aus Achtung vor den Frauen, deren Entstehung ich miterleben darf. Die genug Kraft finden, andere zu halten, und die in ihrer eigenen Verletzbarkeit zu Ehrlichkeit finden. Die Leichtigkeit dankbarer annehmen und Schwere tiefer fühlen. Die nicht in allem einer Meinung sind, einander aber weiter Fragen stellen. Wie geht es dir? Wovon träumst du? Wovor hast du Angst? Manches in diesem Alter wird von Ängsten begleitet: die Verantwortung, die Fallhöhe der Entscheidungen, die Abschiede. Fast alles daran ist einfacher zu tragen, wenn es geteilt wird. In Gesellschaft dieser Frauen macht mich die vierzig nicht betroffen, sondern hoffnungsvoll.

Zu meinem eigenen runden Geburtstag hatte ich eine Liste von Fragen an dieses Alter aufgeschrieben, aus der schließlich die Idee zu diesem Buch wurde. Eine Frage, die dort nicht auftauchte und die ich mir erst später stellte, als ich schon mittendrin war in den Vierzigern: Warum werden wir spätestens ab diesem Alter nicht mehr gefragt, was wir noch werden wollen?

«Ich bin in einem Teil meines Lebens angekommen, in dem sich die Wahrnehmung meiner Weiblichkeit stark verändert hat», hat die Schriftstellerin Rachel Cusk über das mittlere Alter gesagt. «Wir Frauen stecken über Jahre fest in einer relativ klar strukturierten biologischen Phase voller Erwartungen, aber wie es danach weitergeht, muss man selbst herausfinden. [...] Es scheint fast so, als ob sich im Leben eine kleine Tür findet, durch die jede Frau ab einem gewissen Alter hindurchmuss. Dahinter herrscht Wildwuchs, es gibt keinen Kompass, keine Strukturen.»

Geschichten von Aufbruch sind Geschichten von Jugend. Doch die interessanteren Erzählungen, und da mag ich voreingenommen sein, höre ich von mittelalten Frauen, die schon einiges erlebt haben und darüber berichten können.[4] *Ihre* Bildungsromane interessieren mich. Ihre Stürme und ihr Drängen in eine neue Lebensphase. Ihre Wege, wenn sie die Tür öffnen, wie Rachel Cusk sagt, womit sie vielleicht das beste Bild für diese Zeit gefunden hat.

Von ihnen handelt dieses Buch.

Es ist nicht nur für Frauen. Es ist ebenfalls nicht ausschließlich für Menschen, die Wein trinken, wie man anhand des Buchumschlags annehmen könnte. Die Idee zu dem Design hatte mein

---

4 Die Beschreibung mittelalt sollte man, wenn ich sie verwende, nicht als despektierlich verstehen, sondern als beschreibend und bestenfalls als Kompliment, denn ich halte die Mitte für eine ziemlich gute Ausgangslage. Den Begriff Ü-40 dagegen für unerträglich.

Mann. Wofür ich ihm dankbar bin, denn er hätte ja auch auf die Idee kommen können, ein Buch, das seine Frau über das Älterwerden schreibt, mit einer Tasse Kamillentee zu illustrieren. Auch Tee wird jedoch eine Rolle spielen. Das nur zur Warnung. Es ist nicht mal ein Buch nur für Vierzigjährige. Aber es geht vor allem um Frauen in diesem Alter. Es ist mein Versuch, für eine Weile an den Ort zurückzukehren, an dem meine Freundinnen und ich eines Abends am Pool saßen und die Füße im Wasser baumeln ließen. Früher wären wir trotz «Badeverbot ab 20 Uhr» reingesprungen. Heute tauchen wir in die Tiefe unserer Leben ein. So ändern sich die Zeiten. Ein Glück.

WAS ERWARTET MICH?

*Über Nostalgie, Reisen mit eigenem Kopfkissen
und gute Beleuchtung*

Du wirst Listen schreiben.

Wenn es nicht auf einer Liste steht, wirst du es augenblicklich vergessen.

Eines Tages, ohne dass du dich daran erinnern kannst, wie es dazu kommen konnte, wirst du anfangen, Gummibänder in einem leeren Gewürzgurkenglas zu sammeln. Das Glas wird in der gleichen Schublade stehen wie in der Küche deiner Mutter: stets griffbereit, denn wer weiß, wie oft du spontan ein Gummiband brauchen wirst?

Oft.

Wenn dir das Glas runterfällt, wirst du «Hoppala!» sagen und es nicht ironisch meinen.

Dir wird abhandenkommen, Ironie besonders interessant zu finden.

Nach all den Jahren, in denen du abgewartet hast, ob Nora Ephron mit der Feststellung aus ihrer berühmten Essaysammlung *Der Hals lügt nie*, dass sich Frauen mit fortschreitendem Alter wegen ihrer faltigen Hälse grämen, recht behalten sollte, wird sich zeigen: nicht alle Frauen (bis jetzt). Zutreffend ist jedoch, dass sich der Hals mit spätestens 43 Jahren verändert: von etwas, über das du dir nie Gedanken gemacht hast, zu etwas, bei dem du an Nora Ephron denken wirst und daran, wie viele Künstler*innen, die dir etwas bedeuten, nicht mehr da sind.

Richtig lag Ephron auch mit dieser Feststellung: «Schreib alles auf.»

Es wird dich schockieren, dass sie bereits seit zehn Jahren tot ist, wenn du diese Zeilen schreibst.

Du wirst überzeugt sein, dass die Achtzigerjahre maximal zwanzig Jahre her sind.

Obwohl du dir inzwischen merken wirst, dass *Der Pate II* der maßgeblich beste Film der Trilogie ist und nicht *Der Pate III*, wie du jahrelang dachtest, hast du bislang keinen der Filme gesehen.

Dafür zigmal *Harry und Sally*.

Du wirst weiterhin bei jedem Anschauen deine Meinung ändern, welche Szene in *Harry und Sally* die beste ist: das Museums-Date. Nein! Die Pictionary-Szene. Nein! Die Diskussion über den Couchtisch. Nein ...

Du wirst, sollte jemand den Film unwahrscheinlicherweise noch nicht gesehen haben, dazu raten, das auf der Stelle nachzuholen. So wie du häufig Dinge von früher empfiehlst.

Du wirst laut lachen, wenn du liest, dass Liam Gallagher, Held deiner jüngeren Jahre, sich weigert, eine Hüft-OP vornehmen zu lassen, und stattdessen lieber die Schmerzen seiner Arthritis erträgt, weil das endgültig der letzte Beweis ist, falls du noch einen brauchtest, dass Coolness überbewertet ist.

Falls man noch cool sagt.

Vermutlich nicht.

Wenn auf deinem zwanzigjährigen Abi-Treffen jemand zu dir sagt: «Du hast dich verändert», wirst du denken: «Danke.»

Du wirst weiterhin einen Festnetzanschluss haben.

Du rufst lieber an, als eine Nachricht zu schreiben. Es wird selten jemand drangehen. Du wirst viel Zeit damit verbringen, auf Mailboxen zu sprechen.

Die Nummern deines Dermatologen, deiner Frauenärztin und deiner Therapeutin wirst du unter Favoriten speichern.

Themen, von denen du dachtest, dass du längst damit durch seist, kommen plötzlich wieder auf, und du wirst feststellen, dass es ein Kraftakt ist, sie anzupacken, aber dennoch weniger anstrengend, als so weiterzumachen wie bisher.

Du wirst dein eigenes Können nicht anzweifeln. Also, nicht mehr ständig.

Kann man seine Ambitionen verfolgen, ohne auszubrennen? Darüber wirst du viel nachdenken.

Menschen, die in Nachrichten alles kleinschreiben und Interpunktion ignorieren, werden in dir einen unangenehm pedantischen Erklärungsbedarf wecken.

Du wirst Urlaube sechs Monate im Voraus planen.

Und mit deinem eigenen Kopfkissen verreisen.

An Orte für ihre schöne Architektur.

Du wirst es bei der Buchung als unhöflich empfinden, wie weit du bei deinem Geburtsjahr inzwischen nach unten scrollen musst.

Bei der Verlängerung deines Reisepasses wirst du darauf bestehen, dass du 1,70 Meter groß bist und nicht 1,68 Meter.

Deine Unterschrift findest du zwar immer noch nicht erwachsen, aber du wirst einsehen, dass du sie nicht mehr ändern wirst.

Du wirst die Weisheiten deiner Großmutter und Mutter mehr zu schätzen wissen. Weisheiten wie: Das Glas Wein, das man beim Kochen trinkt, zählt als Zutat.

Du wirst alt genug sein, um mit dem Begriff Manchesterhose etwas anfangen zu können.

Und einen Widerwillen gegenüber jeglicher Kleidung entwickeln, die zwackt, quetscht oder beim Hinknien deinen halben Hintern entblößt. Wobei du deinen Po für ansehnlicher halten wirst denn je. Jedenfalls nicht mehr für einen Grund, dich zu schämen.

«Kompetent» wirst du für eine erstrebenswerte Beschreibung deines Kleidungsstils halten.

Gleichzeitig wirst du eine neue Lust am Experimentieren entdecken. Glitzerlidschatten, Fake Nails, kurze Röcke – ja, bitte. Die Leute mögen denken, dass du damit etwas beweisen willst. Du hast dagegen verstanden, dass «altersgerecht» in Wahrheit bedeutet, endlich das Selbstbewusstsein zu haben, genau das zu tragen, was du möchtest.

Du wirst nicht nur älter als der Nachwuchsstar in deiner Lieblingsfußballmannschaft sein, sondern älter als seine Mutter.

Wenn du mit deinem Partner im Frühling an einem Tulpenbeet vorbeigehst und er sagt: «Schau nur, wie groß die Blüten sind», wirst du nicht «Langweiler!» denken, sondern ein Foto von den wundervollen Tulpen machen – und es deiner Mutter schicken.

Du wirst schlicht nicht begreifen, was die 64,8 GB «sonstige Daten» sind, die auf deinem Rechner die Festplatte belegen. *Angeblich* belegen, denn wo sind sie? Wo?

In deinem Leben wird einiges verlässlicher werden. Zum Beispiel wirst du mit Verlass jeden Tag, wenn dein Computer «Update verfügbar» meldet, auf «morgen erinnern» klicken.

Es wird dich nerven, dass du als Merkmal deines Alters ein Unverständnis für Technologie aufzählst, denn das lässt dich älter klingen, als du dich fühlst.

Du wirst dein Alter jedoch als Ausrede verwenden, um dich nicht mit Dingen beschäftigen zu müssen, die dich schlicht nicht interessieren. Wie TikTok.

Die Jungen werden dich brauchen. Und die Alten. Du wirst nicht immer wissen, wo du die Stärke finden sollst, diese Verantwortung zu übernehmen, da du denkst, dass du doch kaum die Verantwortung für dich selbst übernehmen kannst. Du wirst es dennoch tun. Denn so alt bist du nun wirklich.

Du wirst nicht aus jedem Fehler lernen. Du wirst sie nur vielleicht nicht mehr so oft machen. Dafür andere.

Du wirst regelmäßig und mit Sorge deine Brüste abtasten, weil es um dich herum zu viele gibt, die krank werden.

Deine Brüste – nun ja. Sie werden anders aussehen.

Sex – nun ja. Er wird anders sein. Vor allem besser.

Einiges wird mehr werden: die Lagen, die du im Winter tragen musst, damit dir nicht kalt wird. Die Tage, die es dauert, bis du einen Kater verkraftet hast. Die Pillen, die du schluckst. Und einiges weniger: Geduld. Kollagen. Körperliche Grundspannung.

Du wirst Einsamkeit begreifen. Die Einsamkeit deiner Eltern, wenn sie von einem weiteren, ihnen nahestehenden Menschen berichten, der nun nicht mehr da ist. Deine Einsamkeit, wenn du daran denkst, dass sie eines Tages nicht mehr da sein werden.

Du wirst die Gemeinschaft deiner erweiterten Familie mehr schätzen. Kümmere dich gut um sie.

Man wird dich, die nun im Zentrum ist, um Rat fragen. Es wird dich erstaunen, da du dir noch oft genug planlos vorkommst. Aber unterschätze nicht, was du weitergeben kannst. Zum Beispiel, dass man die Beleuchtung im Badezimmer immer seitlich vom Spiegel anbringen sollte und nie – NIE! – darüber.

Du wirst dich mögen. Besonders bei seitlichem Lichteinfall.

Du wirst deine Brille heben, um Kleingedrucktes zu lesen.

Und zu eitel für eine Lesebrille sein.

Du wirst noch immer keinen perfekten Lidstrich ziehen können, ganz egal, wie viele Tutorials du dir dazu angeschaut hast, wie einfach der perfekte Lidstrich gelingt.

Du wirst eine Sicherheit darin finden, niemand anderer mehr sein zu wollen als du selbst.

Dir wird eines Tages auffallen, dass die «Weißt-du-nochs?» in Unterhaltungen die «Wollen-wir-nochs?» abgelöst haben.

Der Moment, in dem dir das bewusst wird, ist der Moment, in dem du beschließt, noch was vorzuhaben.

SIND WIR SCHON DA?

Über die Sehnsucht nach neuen Rollen und den Mut,
seine Ängste zu überwinden. Nebenbei das einzige
Kapitel, in dem die Midlife-Crisis auftaucht.
Versprochen.

Den ersten Schritt machte ich an einem Samstagmorgen im Januar. Ich ging unsere Straße runter und folgte meinem Atem Richtung Park, wo mehrere Dutzend andere Menschen im Nieselregen warteten, die wie ich zu einem freien Zirkeltraining dort aufgelaufen waren. Die nächste Stunde rannte ich durch den Matsch, bis ich am Ende wieder zurück nach Hause schlich, mit klatschnassen Füßen und brennenden Oberschenkeln.

Was hatte ich mir nur dabei gedacht?

Wieso war ich nicht im Bett liegen geblieben?

Warum war ich dem Rat von Matt Damon gefolgt, ausgerechnet?

Es war so, dass ich wenige Wochen zuvor *Der Marsianer* gesehen hatte. Der Film handelt davon, dass der Astronaut Mark Watney (Damon) bei einer Mars-Mission von seiner Crew versehentlich auf dem Planeten zurückgelassen wird und dort ums Überleben kämpfen muss. Da dieses Werk von 2015 ist, erlaube ich mir den Spoiler: Er schafft es.

Nach seiner Rückkehr auf die Erde hält Watney einen Vortrag vor angehenden Astronaut*innen: «Das ist das Weltall, es kooperiert nicht. An irgendeinem Punkt geht einfach alles schief. Alles geht einfach schief. Und Sie werden sagen: Das war's. Das ist mein Ende. Sie können das entweder akzeptieren oder an die Arbeit gehen. Das ist alles. Sie fangen einfach an. Ein Schritt nach dem anderen. Sie lösen ein Problem. Und dann das nächste. Und das nächste. Bis sie genug Probleme gelöst haben und nach Hause kommen.»

Ich hatte den Film nicht zum ersten Mal gesehen. Ich war zu der Zeit bloß enorm empfänglich für Botschaften aus dem Universum. Es lief gerade nicht so bei mir. Kurz vor Weihnachten hatte ich einen Autounfall gehabt – Totalschaden. Auf der Busreise, die wir dank fehlendem Wagen in den Urlaub unternahmen, war mein Koffer abhandengekommen. Bei der Rückkehr wartete eine Steuernachzahlung auf mich, mit der ich in der Höhe nicht gerechnet hatte und von der ich keine Ahnung hatte, wie ich sie begleichen würde. Zudem kam unser kleiner Sohn jede Nacht in unser Bett, sodass sich entweder mein Mann oder ich dann einen anderen Schlafplatz suchten. In der Nacht vor dem Samstag war ich es gewesen. Übermüdet, verschuldet, mit Schrottwagen, ohne Lieblingsklamotten und mit Rückenschmerzen von einer offenbar papierdünnen Matratze im Kinderhochbett. Keine ernsthaften Probleme. Aber genug, um mich runterzuziehen.

Ich fing gerade an, mir richtig leidzutun, als mein Mann ins Zimmer kam, um mich daran zu erinnern, dass ihm ein Bekannter von dem freien Training im Park erzählt hatte, und ich würde doch nun schon so lange davon reden, wieder mit Sport anfangen zu wollen. Ich dachte: Aber doch nicht im Januar. Vielleicht im März. Oder im Mai. Oder nie. Ich dachte: Ich habe nicht mal vernünftige Turnschuhe. Ich dachte an Matt Damon und sein Problem, auf dem Mars selbst Wasser herzustellen, um Kartoffeln in dem anpflanzen zu können, was die Vakuumtoilette auf der Raumstation hergab. Schöne Scheiße. Aber was, überlegte ich, war das schon im Vergleich zu dem, was die durchschnittliche Frau jeden Tag antizipieren, sortieren, berechnen, verhandeln, lösen, schlichten, besorgen, aushalten und bewältigen muss? Und dann konnte er es auch noch vollkommen ungestört erledigen, da er für niemanden erreichbar war.

Damon, du verfluchter Glückspilz.

Dann ging ich los.

Etwas über ein Jahr lang lief ich zweimal die Woche morgens um halb acht in den Park, sprintete Treppen hoch und hüpfte über Seile, wurde ausdauernder, gelenkiger und kräftiger. Ich fand in dieser Zeit eine Lösung für meine Schulden. Der Koffer tauchte irgendwann samt Inhalt wieder auf. Ein Schrotthändler nahm uns das Auto ab. Das Leben ging weiter.

Fragte man mich, wie ich es schaffen würde, mich in der Früh dazu aufzuraffen, antwortete ich, dass ich nach den ersten Wochen harter Überwindung schnell feststellte, dass ich Sport lieber morgens als abends mache, weil ich dann noch zu verschlafen für Ausreden bin, und lieber draußen als drinnen. In der Trainingsgruppe waren nur nette Menschen. Außerdem lagen mir die Übungen. Plus: Diese zwei Stunden in der Woche gehörten ganz allein mir – unverhandelbar. Stimmte alles.

Was mich aber am meisten antrieb, war, dass es bald leichter war hinzugehen, als nicht hinzugehen.

Läufer sprechen vom rauschhaften Zustand des *Runner's High*, dem Hochgefühl, das sich während des Laufs einstellt. In mir breitete sich nach dem Training eher ein gemächliches Summen von körperlicher Erschöpfung und mentaler Ruhe aus, das ich schnell vermisste, sobald das Training ausfiel. Gleichzeitig gewann ich an Energie. Mit wachsender Kraft gelang es mir auch abseits des Trainings, Dinge ohne langes Zaudern anzupacken. Mein Stand wurde stabiler. Mich konnte nichts mehr so leicht umhauen. Und es gelang mir an diesen Morgen, was ich mir sonst so selten in meinem Erwachsenenleben zutraute: Ich hielt mich für eine absolute Legende. Aus einem Liegestütz wurden fünf, wurden zehn, wurden zwanzig. Was ich beinahe in die Fußnote geschrieben hätte, und am liebsten gar nicht, weil es prahlerisch klingt. Woher kommt das bloß, Stolz im Kleingedruckten verbergen zu wollen? Aus der Annahme vielleicht, dass sich das nicht ziemt. Aber, bei allem Anstand: Ich hatte genug Schmackes in den Armen, um einen Elefanten auf die Matte zu kloppen. Alles, was über die Vorteile von Sport berichtet wurde, stimmte also.

Als sich das Virus ausbreitete, endete das Training, wie so vieles, für eine lange Zeit. Ich lief trotzdem weiter. Zunächst aus schierer Gewohnheit. Später, um bei Sinnen zu bleiben. Meist drehte ich abends meine Runde, weil ich frühmorgens nun am Schreibtisch saß, um die wenigen Stunden ungestörter Arbeitszeit zu nutzen, bevor die anderen aufwachten. Nicht immer, denn eine Frau zu sein, bedeutet auch, dass sie wachsam sein muss, sobald sie in der Dunkelheit das Haus verlässt, Haustürschlüssel in der Jackentasche fest umklammert und ohne Musik auf den Ohren, um zu hören, falls hinter ihr jemand auftaucht. Wenn ich loslief, dann auf den gut beleuchteten Straßen meiner Nachbarschaft. Sobald unser Sohn schlief, zog ich meine Turnschuhe an, goss Tee in den Thermosbecher und sagte meinem Mann: Bis gleich. Es gab mir ein Ziel in orientierungslosen Tagen. Eine halbe Stunde Freiheit von Verantwortung.

Ich beobachtete, dass es vielen ähnlich ging.

Meine Freundin K. war Ende 2019 nach Amerika gezogen. Kalifornien. Mit Mann und zwei Kindern. Ein Lebenstraum. Er hatte dort einen Job angenommen, sie ihren gekündigt, sie hatten die Berliner Wohnung untervermietet und ihr Leben in einen Container gepackt. Als sie auf der anderen Seite der Welt gerade ausgepackt hatten, kamen die ersten Nachrichten von Corona. Wenige Monate später griffen sie ein paar Koffer und flogen zurück nach Deutschland, da sie in Amerika kein Netzwerk hatten, das hätte helfen können, wenn einer von ihnen krank geworden wäre. Es war ungewiss, ob sie jemals zurückkehren würden. Sie zogen zu ihrem Vater aufs

Land. Erst mal. Aus erst mal wurde ein Jahr, in dem ihr Mann seinen Job, den er zunächst aus Deutschland hatte weitermachen können, verlor. Sie begann, durch den Wald hinter dem Haus ihres Vaters zu laufen. Irgendwann fragte sie ihr Mann: «Warum gehst du jeden Tag in den Wald?» Ihre Antwort: «Damit ich nicht wegrenne.»

Meine Freundin O. fing an, sich über die Fitnessringe auf ihrer Smartwatch Bewegungsziele zu setzen und durch ihre Nachbarschaft zu stapfen. An manchen Tagen, sagte sie, hätte sie die anvisierte Schrittzahl schon in der Wohnung erreicht, im endlosen Kreislauf zwischen Schreibtisch, Homeschooling, Wäsche, Schreibtisch, Essen, Homeschooling, Bett. Und von vorn. Das «Ping» der Uhr eine Erinnerung, nicht durchzudrehen.

Mit zwei Freundinnen lief ich monatelang und durch diverse Lockdowns sonntags oft zum Bäcker. Eine Stunde hin. Eine Stunde zurück. Das Brot, für das Leute in Berlin anstanden wie zu anderen Zeiten fürs Berghain, war nicht schlecht, aber es war der Weg dorthin, der uns zusammenbrachte. Es war die einzige Begegnung, die möglich war.

Corona machte Menschen zu Spaziergängern.[5] Unterwegs konnte man im Park «Walking Dates» beobachten. Oder auch Menschen, die den Rat befolgten, dass es sich empfiehlt, eine Beziehung im Gehen zu beenden: Laufend lassen sich Zurückweisungen leichter ertragen. Gelegentlich sah man welche im forschen Stechschritt, die offenbar vom Gehen als «Mikroabenteuer» gelesen hatten – erste Anzeichen, dass sich der Trend zum Spaziergang selbst überholt hatte.

Man lief, um dem Chaos zu Hause zu entkommen und das Durchhalten zu durchbrechen; in dem Bewusstsein, damit etwas Gutes für die Gesundheit zu tun, wie zig Podcasts bestätigten, die

---

5 Womit ich explizit nicht die Corona-Spaziergänger meine, die sich gedanklich verirrt haben.

man laufend neu abonnierte; um in Gesellschaft zu sein oder um Abstand von Partnern und Partnerinnen zu gewinnen, die das Tagesgeschehen daheim mit der Pausenlosigkeit eines Nachrichtentickers kommentierten («Newsflash! Das Messer, mit dem du vor zwei Stunden deinen Toast gebuttert hast, liegt noch immer am Rand der Spüle!»). Zum einen. Zum anderen, um wieder ein Gefühl für den Menschen zu bekommen, der man vorher war. Die Person im Außen. «Die aktive, animierte, lebendige Person, die wir einst in den Augen von anderen reflektiert sahen, der Mensch außerhalb des (nicht gerade unterhaltsamen) Zerrspiegels, in den wir gerade starren», wie es die Autorin Allison Glock beschrieben hat.

Eine Leserin des Blogs *A Cup of Jo* – im Vergleich zur Vorhölle des restlichen Internets seit Jahren ein warmer Online-Kaminplatz – meldete sich dort, da sie auch ein Jahr nach ihrem Umzug in eine neue Stadt keine neuen Freundschaften geschlossen hatte. «Es ist schwer», schrieb sie. «Bin in meinen Dreißigern, keine Kinder. Ich mag Bücher, Gehen und langsames Joggen, Target durchstöbern, Promi-Klatsch und Hashbrowns lieber als Frühstückskartoffeln.» Sie und ihre Schwester würden an einem bestimmten Tag um eine bestimmte Uhrzeit an einer Wanderstrecke auf andere warten. Auf diese Kontaktanzeige kamen 26 Leute zum gemeinsamen Spaziergang. Unter dem Blogpost: über 2300 Kommentare von Menschen, die sich in anderen Städten verabreden wollten.

Ich empfand es als einen tröstlichen Gedanken, dass irgendwo da draußen gerade eine andere Frau auf ihrem Weg war, auf der Suche nach Erdung und Erleichterung.

Wohl nicht zufällig zog es mich, wenn ich von einem meiner Ausflüge zurückkam, stark zu einer dieser drei Serien hin: *The West Wing*, zum gefühlt 65. Mal und als Ablenkung von der Weltlage da draußen, in der ein demokratischer US-Präsident und sein Stab wichtige Entscheidungen im *walk and talk* treffen, einer Storytelling-Technik, in der Gespräche unterwegs stattfinden, weil zum Stehenbleiben zu viel zu tun ist. Die Show *New Amsterdam*, denn ich kenne kein cleaneres High als eine Arztserie, in der Dr. Max Goodwin und seine Grübchen die Welt im Laufschritt zu einem besseren Ort machen. Die Dokumentar-Serie *Pretend It's A City*, in der die New Yorker Schriftstellerin Fran Lebowitz durch ihre Stadt flaniert und mit ihren Beobachtungen den Regisseur, und ihren engen Freund, Martin Scorsese zum Kichern bringt.

Fran Lebowitz, was angesichts ihres Esprits und der wie gedruckt klingenden Bemerkungen schwer vorstellbar ist, steckt seit gut dreißig Jahren in einer ausgewachsenen Schreibkrise. Ihre Blockade, einen Roman zu beenden, ist inzwischen fast ebenso berühmt wie ihre Texte.

Vielleicht war es doch keine so gute Idee, gerade diese Serie zu gucken. Ich sollte schließlich anfangen, mein eigenes Buch zu schreiben. Und ich war nicht Fran Lebowitz. Gut für sie, wenn sie Witze darüber machen kann, dass ihr Lektor den leichtesten Job der Stadt hat: Aus dem Nichtstun eine Karriere zu machen, gelingt nicht vielen. Und: dreißig Jahre? Dafür hatte ich keine Zeit. Wer hat die schon? In der Gegenwart gilt es Tempo zu machen. Aus den einem zur Verfügung stehenden Jahren das meiste rauszuholen. Unterbrechungen sind, wenn überhaupt, nur vorgesehen, um sich auf die nächste Aufgabe vorzubereiten. Der Verstand sagt: «Ich kann jetzt nicht noch eine Folge von *Pretend It's A City* gucken, ich muss arbeiten, los, arbeiten, jetzt!»[6]

6 Dass Fran Lebowitz nach *Pretend It's A City* auch außerhalb ihrer Heimatstadt mit Anfang siebzig plötzlich zu einer Entdeckung wurde – ihre Essays, denn sie schreibt weiterhin journalistische Texte, sind vor Kurzem auf Deutsch in gesammelter Form unter dem Titel *New York und der Rest der Welt* erschienen –, liegt, glaube ich, nicht nur an der Huldigung durch Scorsese, sondern an Lebowitz' Haltung: Sie verweigert sich. Verweigert sich Smartphones, den

Diese Ermahnung brachte mich gefühlt kein einziges Mal weiter. Sie führte mich aber zu Oliver Burkeman, der sich mit Ausreden
gut auskennt. Burkeman schrieb über viele Jahre eine Kolumne im
Guardian, deren Titel gleichsam ein vollmundiges Versprechen
war und die Selbstüberzeugung typischer Ratgeberliteratur auf die
Schippe nahm: *This column will change your life* – diese Kolumne
wird Ihr Leben verändern. Er machte es sich darin zur Aufgabe, sich
mit allgemeinen Fragen zu Themen wie Bindungsphobie, Kontroll-
wahn oder *Imposter Syndrome*, dem Gefühl, ein Schwindler zu sein,
dem jederzeit droht, aufzufliegen, persönlich auseinanderzusetzen – um am Ende des Experiments der bestmögliche Mensch zu
sein. In seinen über ein Jahrzehnt lang gesammelten Lösungsansät-
zen kommt er häufig auf die Frage zurück, wie sich die Bedeutung
von Produktivität auf die Lebensqualität auswirkt. Heutzutage wird
es für bare Münze genommen, dass man nur vorankommt, wenn
man die To-do-Liste abarbeitet. Smartes Zeitmanagement bedeutet
demnach: Ablenkungen abschaffen. Burkeman gelangt stattdessen
zu der Erkenntnis: Zeitmanagement abschaffen – die Vorstellung,
dass, wenn man sich nur genug anstrengt, eines Tages alles abgearbeitet ist. So hat er für sich stattdessen die «Done»-Liste etabliert. Statt den Morgen mit einer Aneinanderreihung von To-dos
zu beginnen, startet er mit einem leeren Blatt Papier und schreibt
im Laufe des Tages auf, was er geschafft hat. So würde er dem,
was er nicht geschafft hat, weniger Aufmerksamkeit schenken. In
einer Kolumne zu Kreativität beschreibt er, dass gerade die Unter-
brechung der Produktivität, des ewigen Abhakens, etwas Positives

sozialen Medien, sogar Computern; Trends, denn sie trägt seit Jahrzehnten
nichts anderes als Sakko, Jeans und Cowboystiefel; Heizpilzen, da sie in Restaurants prinzipiell nur drinnen isst. Sie ist der Gegenentwurf zu FOMO. Sie
ist JOMO – *the joy of missing out.*

bewirken kann. Prokrastination als Antrieb – endlich eine Ausrede, mit der ich etwas anfangen konnte. «Von der Arbeit wegzutreten, wirkt dem lähmenden Effekt des Perfektionismus entgegen, denn wenn eine Aufgabe unterbrochen wird, wird auch das Risiko des Scheiterns unterbrochen.»

Pausieren sollte man allerdings nicht bei Netflix, sondern mit: aufstehen, wegtreten, spazieren. Psychologisch, so Burkeman, gibt es unterschiedliche Erklärungen, warum gerade das Gehen die Kreativität antreibt: Es versetzt in eine Art Trance; die Weite des Himmels entlüftet den Kopf; die Kombination aus physischer und mentaler Aktivität stimuliert das Gehirn. In jedem Fall löst es die Gedanken. «Man ist befreiter, Erkenntnisse zu erträumen.»

Erkenntnisse, wie: Dr. Max Goodwin würde sich sicher nie darüber beschweren, wenn ich mal wieder das Buttermesser an der Spüle liegen lasse, sondern meine Zerstreutheit hinreißend finden.

Wie: Der Weg ist ... das Ziel?

Wie: Ein Kapitel über das Gehen – so alt bist du doch nun auch wieder nicht.

Obwohl ich beim Laufen die Hände inzwischen genauso hinter dem Rücken falte wie mein Opa, mein dänischer Morfar, wenn er spazieren geht. Im Frühjahr und Herbst trägt er dabei eine Jacke, die er in London auf der gemeinsamen Reise, die mein Konfirmationsgeschenk gewesen war, gekauft hat, wie er mir jedes Mal erzählt, wenn er sie anzieht. Ich erinnere mich nicht an seinen Jackenkauf. Eingeprägt hat sich, wie er auf der Oxford Street in einem Modeladen stand, in dem ich und meine Oma, meine Mormor, gerade einkauften, und die Angestellten bat, ob sie die Musik leiser drehen könnten. Fiele mir im Leben nicht ein.[7] Auch sonst haben sein mittleres

---

[7] Die Studenten-WG in der Wohnung über einem aufzufordern, die Party um 23 Uhr zu beenden, ist etwas ganz anderes, nicht wahr?

Alter und meines nur entfernt etwas miteinander zu tun. Das liegt eher am Generationsunterschied als daran, dass er ein Mann ist und ich eine Frau bin. Mein Großvater, der bald neunzig Jahre alt wird, hatte in meinem Alter die mutmaßlichen Meilensteine seines Lebens erreicht: Ehe, Kinder, Haus, Firma. Als die Kinder aus dem ersten Haus ausgezogen waren, bauten er und Mormor ein neues. Als die Firma erfolgreich war, verkaufte er sie. Als er von Dänemark Abwechslung suchte, zog er nach Spanien. Er blieb auf dem Sprung. Dabei schien sein Leben stets zielgerichtet auf den nächsten Streckenabschnitt zuzulaufen. Bei meinen Eltern kam es mir ähnlich vor. Auch sie wirkten, als sie in meinem Alter waren, als liefe alles in geregelten Bahnen, mit Eigenheim und der Berufswahl für den Rest des Lebens. Und ich? Komme mir auch mit Anfang vierzig bei der Frage «Wo sehen Sie sich in fünf Jahren?» vor wie ein Fisch, der an der Angel zappelt. Fünf Jahre? So weit reicht meine Vorstellungskraft nicht. Zwei Jahre sind schon eine Überforderung.

Für mich, denke ich, war mehr denkbar als in den Biografien meiner Eltern und Großeltern. Ehe, Kinder, Haus, das schien alles möglich, obwohl es schwerer geworden ist, sich so ein Haus zu leisten, weil die finanzielle Stabilität fehlt. Ich sitze hier an meinem Schreibtisch in einer Wohnung, die ich nur anzahlen konnte, weil meine Eltern mir das Erbe ausgezahlt haben. Ein Privileg. In unserer Generation kommen die Kinder spät, weil wir zunächst den Karriereweg gehen, den unsere Mütter freigepresscht haben. Oder sie kommen gar nicht. Entweder, weil die Zeit abgelaufen ist. Weil die Natur es anders entschieden hat. Oder weil man selbst es so entschieden hat. Vielleicht ist man mit vierzig zum ersten Mal geschieden. Hat nie geheiratet, ganz bewusst. Oder beschlossen, allein zu leben. Es gab viele Wege, also ließen wir uns treiben. Neulich erzählte mir eine Freundin über die Berufsplanung ihrer Patentochter, die kurz vor dem Schulabschluss steht: Medizinstudium, alternativ

Katastrophenschutz, sonst internationale Wirtschaft und Entwicklung. «Mein Plan nach dem Abitur war: Egal, Hauptsache Berlin», sagte die Freundin. Ich selbst war vor allem deshalb Journalistin geworden, weil mir nichts anderes einfiel. Unsere Lebensläufe sind keineswegs exemplarisch für einen ganzen Jahrgang, die Unbedarftheit dagegen wohl schon. Die sorgenfreie Generation, so heißt es.

Doch es mag ein Trugschluss sein, dass die vor uns vorausschauender dachten. Als ich eines Tages mit meiner Mama durch meine Heimatstadt spazierte, hielten wir vor einem Haus, an dem ich auf dem Weg zur Schule Tausende Mal vorbeigeradelt war. Dort wären sie beinahe eingezogen, sagte Mama, bevor sie dann doch das Haus kauften, in dem ich aufwuchs und wo meine Eltern heute noch wohnen. Ich hörte davon zum ersten Mal. Als wir weitergingen, sagte Mama: «Ist es nicht seltsam, dass man eine Entscheidung trifft – und irgendwann steht man davor, und denkt: Daraus wurde der Rest meines Lebens?»

Dann kann es passieren, dass man – auch wenn man wie mein Morfar, meine Mama und ich sagen würde, dass man ein gutes Leben hat – feststellt: Ein Leben, *dein* Leben, kann nur unter Ausschluss aller anderen Möglichkeiten stattfinden. Jede Entscheidung für etwas war eine Entscheidung gegen etwas anderes. In dieser Gewissheit ist es leicht, sich das alternative Leben vorzustellen, das, wie die Schriftstellerin Hilary Mantel ausgedrückt hat, «in einer Schublade des Bewusstseins abgelegt ist, wie eine Kurzgeschichte, die nach dem Einstieg nicht funktioniert». Wie wäre es weitergegangen – wenn man mit *der* Frau statt dieser zusammen wäre, *den* Job angenommen hätte, in *diese* Stadt gezogen wäre? Sinnlos, sich zu lange mit diesen *Sliding Doors*-Mutmaßungen aufzuhalten. Aber verführerisch zu spekulieren – wenn sich die eigene Geschichte so verdichtet hat, dass viele neue Handlungen ausgeschlossen scheinen.

Der 21-jährigen Volontärin, die ich war, würde ich sagen (über Schreibblockaden und alles andere): Mach dir nicht so viele Gedanken, der Weg ist weit und nimmt viele Abzweigungen! Heute kann ich mir das nicht mehr so leicht abkaufen. In meinem Alter wird man vorsichtiger. Hat größere Angst, sich zu vertun. Der Druck ist höher, es in Zukunft fehlerfrei zu machen, weil man meint, keine Zeit mehr zu haben, Fehler auszugleichen. Man braucht ab sofort einen perfekten Plan. Obwohl man gerne mit etwas Neuem loslegen würde, verharrt man im Stillstand.

«Das Gefühl verminderter Möglichkeiten, dass die weitläufige Welt der Jugend sich auf einen einzigen Pfad zusammengezogen hat, kann auch dann entstehen, ohne das gegenwärtige Leben als leer zu empfinden. Dem Menschen kann klar bewusst sein, dass vieles von dem, was wertvoll ist, nie das eigene Leben umfassen wird, obwohl es einem so reichhaltig erscheint wie jedes mögliche Leben, das man hätte leben können», schreibt der Philosoph Kieran Setiya in seinem Essay «The Midlife Crisis». Der Eindruck des Verpassens, so Setiya, sei darin begründet, dass man das Leben an zeitlich begrenzten Aktivitäten ausrichtet, die eines Tages beendet sind. Es ist paradox: Was dem Leben Sinn gibt, sind Ziele – an denen man entweder scheitert oder die man erfolgreich umsetzt. So verbringt man sein Leben damit, die Aktivitäten zu beenden, die ebendiesem Leben Bedeutung geben. «Man kann die Krise lösen oder sie verhindern, indem man in Aktivitäten investiert, die zeitlich unbegrenzt sind. Weil man sie nicht beenden kann, erschöpfen sie sich auch nicht oder zerstören sich selbst», so der Philosoph. Sie ahnen vielleicht, worauf er hinauswill: Eine dieser ziellosen Aktivitäten ist das Spazieren, das keinen Zweck erfüllt, außer im Moment des Erlebens.

Ähnliches beschreibt Harvard-Professor und *Happiness Columnist* Arthur C. Brooks, der in *The Atlantic* die Kolumne «How To Build A Happy Life» schreibt, als er den Jakobsweg pilgert. «Man begreift, dass man keine Erfüllung finden kann, solange die Gegenwart lediglich ein Abmühen zu Diensten der Zukunft ist, weil die Zukunft wiederum nichts weiter als das Abmühen mit einer neuen Gegenwart ist und das glorreiche Ziel nie erreicht wird. Sucht man nach wahrer Zufriedenheit, muss man sich auf den Gang des Lebens fokussieren, mit seiner Aneinanderreihung von gegenwärtigen Augenblicken.»

Oliver Burkeman formuliert es dringlicher: «Was, wenn ich mein Leben niemals auf die Reihe kriege? Ich glaube, so gut wie jeder, abgesehen von den sehr Alten und denen, die sehr Zen sind, geht durch sein Leben, verfolgt bis zu einem gewissen Grad von dem Gefühl, dass das noch nicht *the real thing* ist.»

Erwachsensein, habe ich einmal gehört, ist die Fantasie, dass nächste Woche alles besser wird. Nächste Woche – wenn die Deadline geschafft ist, der unangenehme Anruf erledigt und der Keller entrümpelt –, dann wird man endlich Zeit haben für das echte Leben, in dem man die großen Pläne macht, zu denen man vor lauter kleinteiliger To-do-Listen nicht kommt. Das Leben, von dem O. einmal sagte, in dem man angekommen ist.

«Wenn ich den Gedanken zulasse, dass ich mich mit einer fortwährenden inneren Unruhe abfinden muss, kann eine große Last von mir abfallen. Der Druck ist weg. Ich kann mich entspannen und mich auf das Leben einlassen, das ich führe. Statt mich davon entmutigen zu lassen, motiviert es mich», schrieb Oliver Burkeman, als er seine *Guardian*-Kolumne beendete. «Es stellt sich heraus, dass mein größtes Problem war, zu denken, dass ich eines Tages alle meine Probleme los wäre, während es in Wahrheit kein Entkommen von dem schmutzigen, stinkenden Komposthaufen gibt, der die Realität ist. Was okay ist. Kompost ist das Zeug, aus dem Dinge wachsen.»

Oliver Burkemans Kompost des Lebens, Matt Damons Kartoffeln in Exkrementen – ich sollte mal darüber nachdenken, welchen Ratgebern ich vertraue, doch die Vorstellung von Gedeihen führt mich zu den Geschichten von drei Frauen, die ich nun anrufe.

Der erste Anruf geht an eine befreundete Fotografin, Single, Anfang vierzig. Zwischen Lockdowns hatte sie Urlaub in Griechenland gemacht, auf Einladung einer Frau, mit der sie sich bei einer anderen Reise spontan angefreundet hatte. Sie verlängerte den Urlaub. Und verlängerte noch mal. Als sie zurück nach Berlin kam, fragte sie sich, warum sie in ihrer Heimatstadt bleiben sollte. «Ich hätte so weitermachen können wie zuvor, aber es hat mich nichts dort gehalten», sagt sie. Wir haben uns lang nicht gehört. Sie erzählt, dass sie sich zunächst für ein Jahr eine Stadtwohnung mietete. Dann fand sie ein kleines Haus auf dem Dorf, das ihr heute gehört. «Mutig – das höre ich ziemlich oft. Ich verstehe, was gemeint ist, aber für mich war das nicht mutig. Ich hatte eher Angst davor, dort zu bleiben, wo ich war.» Warum? «Ich merkte, dass ich mich arrangiert hatte. Ich hatte das Ziel, am Meer zu leben – eines Tages. Dann stand das Ziel vor mir. Warum hätte ich weitersuchen sollen? Wenn ich von einem Job zurückkomme und der Flieger nicht in Berlin, sondern in Athen landet, ist das immer wieder ein Kann-mich-mal-einer-kneifen-Moment. Echt? Hier lebe ich jetzt? Manchmal denke ich, ich hätte das schon viel früher machen sollen. Ich habe hier ein ganz anderes Sozialleben. Habe viel schneller Leute kennengelernt. Bin umgeben von Natur.» Im Winter, das sagt sie auch, sei es einsamer gewesen. Gleichzeitig genoss sie die Ruhe, den Kontrast zur Modewelt, in der sie sich sonst bewegt, und fing an, wieder zu malen. Auch als in der Pandemie Aufträge wegbrachen, während die Renovierung des Hauses teurer wurde als geplant, bereute sie die Entscheidung nicht. «Ein Haus in Griechenland – das war nie der konkrete Plan. Aber dann stand es durch eine Zufallsbekanntschaft vor mir auf dem Lebensweg.» Wir kennen uns gut, trotzdem bin ich mir unsicher, ob ich die nächste Frage stellen soll, denn sie kann aufgeladen sein, aber da sie meine Freundin ist, traue ich mich: Denkst du noch über Kinder nach? «Ich hätte mir vorstellen können, eine Familie zu haben, aber ich hatte keinen Partner und wollte nicht alleinerziehend sein. Den Weg einer Mutter werde ich nicht gehen», sagt sie. «Vielleicht ist mein Weg schwieriger. Ich weiß es nicht. Aber es ist mein Weg. Da ich allein bin, kann ich auch nach meinen Vorstellungen leben. Es ist meine Verantwortung, die Chance, die ich bekommen habe, zu nutzen. Jetzt bin ich mit Anfang vierzig in einer Findungsphase. Alter spielt hier aber keine große Rolle. Hier sagt niemand: ‹Das darfst du jetzt aber nicht mehr, du solltest dich anders verhalten.› Ich fühle mich hier zehn Jahre jünger als in Berlin.»

Als Nächstes rufe ich eine Kollegin an, mit der ich die ersten Karriereschritte machte und die in meinem Alter ist. Wie meine andere Bekannte hat es sie nach Griechenland verschlagen. Sie ist ebenfalls alleinstehend. Als die Pandemie kam, konnte sie sich ihre Münchner Wohnung nicht mehr leisten, kam zunächst bei Bekannten in Österreich unter – und fuhr irgendwann einfach weiter. «Es kam einiges zusammen: die ausbleibenden Aufträge, das fehlende Geld, der Wunsch, im Süden zu leben», sagt sie aus ihrer Sechzigerjahre-Wohnung in Athen, wo sie auf dem Balkon sitzt und mir die wuchernde Clematis beschreibt. Auch wir kommen auf Kinder zu sprechen. «Meine beste Freundin wurde Mutter. Wir waren beide lange Singles gewesen, sie kam mit jemandem zusammen und wurde schwanger. Das hat mich erst mal in eine tiefe Trauer gestürzt. Ich war doch die, die Kinder wollte, und dann passierte es einfach nicht. Inzwischen denke ich: Wenn ich das Modell der klassischen Familie wirklich gewollt hätte, wäre es passiert, aber ich bin immer von Beziehungen weggelaufen. Ausschließen würde ich Kinder nicht, Adoption könnte eine Option sein. Ich glaube aber sowieso, dass man auf viele Arten eine Mutterfigur sein kann, ich zum Beispiel für mein Patenkind.» Wir reden eine Weile über früher, als wir noch in der gleichen Redaktion arbeiteten. «Du weißt ja: Ich wollte schon damals in den Süden. Dann habe ich mir Ziele davor gebaut, von denen ich annahm, man müsste sie haben: Bürokarriere, Chefposten, Status. Ich musste mit dem Kopf durch die Wand. Es gibt Tage, an denen ich denke: Moment mal, eben war ich doch noch der Shooting Star, und jetzt brechen die Jobs weg? Gleichzeitig kann ich diese Ziele fast nicht mehr nachvollziehen. Ich weiß halt inzwischen: Ich musste mich dafür verbiegen und Kompromisse machen. Jetzt sitze ich auf meiner Terrasse, mein Hund zu Füßen, und bin frei.» Nebenbei: «Männertechnisch wird es im Alter nur besser. Zumindest hier. Es interessieren sich nicht mehr alle für einen, sondern vor allem die Jüngeren. Super! Da findet direkt eine Vorauswahl statt. Es ist meine beste Zeit.»

Schließlich melde ich mich bei einer Freundin, die mit ihrer Familie – Mann, ein Schulkind, ein Säugling – aus Berlin in das Piemont gezogen ist. Zwischen der ersten Hausbesichtigung und dem Umzug lagen knapp drei Monate. «Das kann man nur machen, wenn man ein wenig verrückt ist. Und der Partner mitzieht.» Sie suchten schon seit Beginn der Pandemie nach mehr Platz und, idealerweise, mehr Natur. Etwas Größeres in Berlin war zu teuer. Ein Hof in Bayern, wo sie herkommt, noch einmal mehr. Dann hörten sie von einer Expat Community in Italien, die dort Teil der Dorfgemeinschaft ist. «Unsere Tochter konnte eine Probewoche auf der Schule machen. Zur gleichen Zeit schauten wir uns einen alten Bauernhof an. Es passte alles zusammen. Uns war es wichtig, dass wir eine Schulform finden, in der es nicht nur um die sogenannten Hard Skills geht, sondern um das, was in der Gesellschaft hoffentlich wieder wichtiger wird: Empathie, Mitgefühl, Toleranz. In Berlin wurden wir schon gefragt, ob wir unseren Kindern etwas verbauen, weil wir unseren Wünschen folgen, aber sie können auch hier einen Schulabschluss machen. Und dabei sind sie den ganzen Tag in der Natur.»

Ich sitze über Facetime draußen mit ihr in der Sonne vor dem roten Bauernhaus, der Sohn schläft im Kinderwagen, sie zeigt mir eine stark renovierungsbedürftige Garage und einen Hain. In ihrer Vorstellung stehen dort schon ein Yogaraum, in dem sie unterrichten wird, und ein Aufnahmestudio für ihren Mann, der Musiker ist. «Ich frage mich, weil ich Fotos von hier auf Instagram teile, ob ich damit ein Bild zeige, das anderen schlechte Gefühle bereitet, deshalb finde ich es wichtig zu sagen: Es ist nur *ein* Bild von einem möglichen Leben. Ängste? Habe ich, klar. Finanzielle vor allem. Sie anzuerkennen, ist der erste Schritt, ihnen zu begegnen. Wenn das Geld ausgeht, suche ich mir eben einen Job in Mailand. Was wir uns hier vorstellen, mag eine Utopie sein. Aber darin liegt eben die Hoffnung.»

Diese drei Frauen haben einen Weg für sich gefunden, der genauso nicht für jede*n umsetzbar ist, aber was sie mir erzählen, hallt nach:

«Wenn einem etwas Unerwartetes passiert, ist der Trick, es anzuerkennen – und zuzugreifen.»

«Ich habe mich nicht neu erfunden. Ich habe mich wiedergefunden.»

«Wenn man nicht weiß, was auf einen zukommt, traut man sich.»

Was keine von ihnen sagte:

Ist *jetzt* der richtige Zeitpunkt?

Sie sagten auch nicht:

Ist es dafür zu spät?

Ich war 39 Jahre alt, als ich an einem Samstagmorgen im Januar in den Park lief. Rückblickend ist leicht zu sehen, warum das die richtige Entscheidung war. Doch kann man lernen, gerade im Hinblick auf die schwindende Zeit, die Zukunft besser zu antizipieren?

Mit dieser Frage gehe ich zu Stese Wagner, die ich, noch so eine Zufallsbegegnung im Leben, auf einer Geburtstagsparty kennengelernt habe. Sie ist selbst über Umwege zu ihrem Beruf als Coach gekommen: Sie hat Psychologie studiert, ging dann zunächst in die Werbebranche und sah, als sie sich vor einigen Jahren selbst coachen ließ, die Möglichkeit, ihr Wissen freier und kreativer zu gestalten, als es ihr im Studium erschienen war. «Jobwechsel mit Ende vierzig – klassische Midlife-Crisis», sagt sie. «Ich dachte darüber nach, welchen Job ich mit sechzig, siebzig und, warum nicht, mit achtzig noch machen möchte, und das Gute an dieser Arbeit ist: Je länger man sie macht, desto besser kann man werden.»

Also doch die Frage nach dem Fünf-, Zehn- oder gar Zwanzig-Jahres-Plan?

«Man sollte die Frage umformulieren: ‹Worauf will ich in fünf Jahren zurückblicken?›» Das helfe, so Wagner, zwischen ‹Das kann›, ‹Das sollte› und ‹Das muss› zu unterscheiden und damit Entscheidungen vorausschauender zu treffen – in allen Lebensbereichen.

«Der Plan ergibt sich daraus, bewusst zu entscheiden, was man vernachlässigen kann?»

«Genau.»

Gewöhnlich begleitet Wagner ihre Klient*innen über zehn oder mehr Sitzungen, doch wir treffen uns zu einem einmaligen Crash-Kurs, denn mein akutes «Muss» ist es, ein Buch zu schreiben, das Treffen mit ihr ein «Kann», und doch interessiert mich die Frage: Wie findet man an den Punkt, an dem man den ersten Schritt macht?

Zum Beispiel, indem man sich dorthin begibt, sagt Wagner.

Systemisches Coaching ist eine lösungsorientierte Beratung, die bei ihr so aufgebaut ist: Im Vorgespräch wird das Ziel besprochen, also das bestmögliche Ergebnis aus allen Sitzungen. Im zweiten Schritt öffnet sie ihren «Methodenkoffer», wie sie es nennt, für die passende Technik.

Ich erzähle ihr, dass ich mich nach einer größeren Ruhe sehne, Entscheidungen zu treffen, da ich oft das Gefühl habe zu reagieren, statt aktiv zu agieren.

«Warum Ruhe?»

Weil die in der Gleichzeitigkeit aller Entscheidungen oft verloren geht.

Wir gehen in eine Technik, die sich Embodiment nennt. Man kennt die Annahme, dass sich die psychische Verfassung auf den physischen Zustand auswirkt. Embodiment ist die Umkehrung dieses Prinzips: Das, was der Körper erlebt, bleibt im Kopf hängen.

Ich stelle mich mitten in den Raum. Ich soll mich in Gedanken an einen Ort begeben, an dem die Ruhe ist. Ist mir warm? Kalt? Bin ich drinnen? Oder draußen? Wie riecht es dort? Welche Geräusche höre ich? Gibt es etwas zu trinken? Zu essen? Sind dort andere Menschen? Bin ich allein? Jede Frage bringt mich näher an den Ort. Insgesamt dreimal begebe ich mich dorthin, trete zwischendrin aus der Vorstellung aus, indem ich buchstäblich einen Schritt zur Seite mache und mich durchschüttele. Da der Körper sich jedes Mal erneut zur Ruhe aufmacht, merkt er sich durch die Wiederholung den Weg. Die Idee ist, dass ich dorthin jederzeit zurückkehren kann.

Als ich in den Monaten danach die Übung mache, die tatsächlich wirkt, geht mir auf, dass in dem Wunsch nach Ruhe auch die Sehnsucht nach einem weniger improvisierten Leben steckt. Es erinnert mich an eine Interviewserie, die es einmal auf dem Blog Manrepeller gab. Sie hieß, kein Mist, *How do you keep your shit together?* – Wie regelst du deinen Scheiß? Für das Format wurden verschiedene Frauen dazu befragt, was einen Tag für sie gut macht. Die Basics. Meine Basics: Jeden Tag schreiben, auch wenn das Geschriebene schlecht ist; Zeit mit meinen Lieben verbringen; lesen. Der Rest ist Bonus. Denkt man darüber nach, was die Grundbedürfnisse sind, kann einen das zu den Werten führen, die schon in einem stecken. Zurück auf den Pfad, den man längst geht.

Es kommen immer wieder Punkte, an denen man beschließen muss weiterzugehen. Gerade dann, wenn nicht alles nach Originalplan läuft. Wenn das Leben, das man sich vorgestellt hat, an einem vorbeigezogen ist. Ich finde, in einem der Momente des Prokrastinierens, ein altes Magazin mit einem Interview mit der Schriftstellerin Ariel Levy anlässlich der damaligen Veröffentlichung ihres Buches *Gegen alle Regeln*. Es handelt davon, wie sie mit Ende dreißig nach einer Fehlgeburt und der Trennung von ihrer Frau ihr Leben neu definieren muss. «Die Zukunft, von der ich dachte, dass ich sie mir über Jahre zurechtgelegt hatte, war verschwunden, und damit meine Idee von dem Leben, von dem ich mir eingebildet hatte, dass es mir zustünde», sagt sie in dem Gespräch. «Egal, wofür man sich entscheidet: Es bedeutet, dass man etwas anderes nicht gewählt hat, und manchmal schmerzt das. Jede*r von uns lebt auf eine gewisse Art mit Plan B. Und darin liegt ein Komfort. Ich glaube, jede*r vermisst etwas, das schmerzt. Für mich sind es Kinder. [...] Vor Kurzem habe ich zu jemandem gesagt, dass Teil der Trauer darüber, keine zu haben, ist, eine der fundamentalen Erfahrungen im Leben zu verpassen. Und die Person sagte: ‹Nun, ich liebe meinen Ehemann nicht. Ich verpasse auch eine fundamentale Erfahrung.› Zu akzeptieren, dass nicht jeder alles bekommt, dass jede Entscheidung etwas kostet, bedeutet es, erwachsen zu werden. Dein Leben ist genau das, was es ist, und das zu akzeptieren ist eine Art Freiheit.»

Das Leben, was man beinahe gehabt hätte – es kann Kummer beinhalten, sich davon zu verabschieden. Man nimmt sie mit und geht weiter, zu dem Leben, das ist. Das Plan-B-Leben ist ein Parallelleben, über das es wirklich nachzudenken lohnt. Es ist real. Bleibt man zusammen, obwohl man den anderen nicht (mehr) liebt? Arrangiert man sich mit einem Job, der einem nichts (mehr) gibt? Zieht man aus der Stadt, die kein Zuhause (mehr) ist?

Vielleicht, denke ich, ist «Sind wir schon da?» keine zielführende Frage im Leben. Denn wenn man angekommen ist, ist es zu Ende.

Nachdem bei meinem Morfar mit Mitte achtzig ein Drittel seiner Lunge entfernt wurde, fing er an, spazieren zu gehen. Bis zum Ende seiner Straße. Und wieder zurück. Dann zwei Straßen weiter. Und wieder zurück. Bis er schließlich fünf Kilometer am Stück gehen konnte, ohne aus der Puste zu sein. Als ich im Frühjahr 2022 dieses Kapitel beendete, besuchte ich ihn und meine Mormor, die, apropos langer Atem, seit über sechzig Jahren verheiratet sind, in Dänemark. Ich fragte ihn, ob er noch spazieren würde. Nein, sagte er, in letzter Zeit nicht so viel. Er habe zu viele andere Dinge zu tun. Den Garten für den Frühling vorbereiten. Die Nachrichten verfolgen. Den Verkauf des Hauses. Außerdem habe er auf seinen Spaziergängen doch schon alles gesehen. Verdammt, das war nicht das Ende, das ich mir für dieses Kapitel erhofft hatte.

Dann denkt er kurz nach und sagt schließlich, jetzt würden sie ja bald umziehen. «Neuer Anfang, neue Abenteuer.»

GEHT DAS NOCH BESSER?

Über den Sinn und Unsinn von Selbstoptimierung.
Und das Kapitel, in dem unwahrscheinlicherweise
plötzlich Yoga auftaucht.

Ich bin eine Frau auf dem Weg. Ich löse laufend Probleme. Ich erwarte gelassen, in welche Richtung mich die nächste Weggabelung führt, und trinke Tee. Literweise Tee, seit mich die Vorstellung von Kaffee nach 14 Uhr so nervös macht, als habe mir jemand Crack angeboten.[8]

Nein, danke, sonst liege ich nachts nicht nur wegen der Dinge wach, die mich eh schon beschäftigen, weil ich die To-do-Liste noch nicht durch eine Done-Liste ersetzt habe – Was hatte ich heute noch mal erledigen wollen? Umsatzsteuervoranmeldung machen? TÜV bestätigen? Läusemittel kaufen? Hausverwaltung anrufen? Wasserkocher entkalken? Neue Turnschuhe für unseren Sohn bestellen? Welche Größe trägt er noch mal? Oder waren es die leeren Gurkengläser für das Wasserprojekt in der Schule? Es war die Umsatzsteuervoranmeldung! Morgen. Als Erstes. Ist morgen Dienstag oder Mittwoch? Mittwoch bin ich mit O. verabredet. Oder? Ich wollte ihr längst den Artikel über den Crypto-Kurs weiterleiten. Wo hatte ich den noch mal gespeichert? Handy? Rechner? Oder doch in einer Zeitschrift gelesen? Vielleicht in der Zeitschrift mit dem Ranking der besten «40 unter 40». Wird man auf die eigentlich automatisch

---

8 In einer Sekunde lacht man noch über Senioren, die bei der Frage «Kaffee?» räuspernd auf die Armbanduhr schauen; dann ist die Sekunde vorbei ... und man ist über vierzig.

übernommen, wenn man schon eine*r von «30 unter 30» war, oder muss man sich erneut qualifizieren? –, sondern weil ich vor Koffein vibriere.

Aber weg von schlaflosen Nächten. Hin zur Vorstellung von einem ausgeruhten Aufwachen. Wenn ich ganz auf Kaffee verzichten könnte, überlege ich, schaltet sich vielleicht meine innere Uhr ein, dank der mein Körper von selbst aus den Laken schießt, hochkatapultiert von reiner Lebensfreude – um 5:30 Uhr. Die Uhrzeit, um die alle erfolgreichen «40 unter 40»-Jährigen aufwachen, das sagen sie zumindest. Wie würde ich die gewonnenen Stunden optimal nutzen? Mit Gesangsmeditation? Mit Trockenbürsten? Mit Morgenseiten? So viele Möglichkeiten, so viel Zeit! Ich wäre dem Wecker überlegen. Snooze? Ahahahaha! Das Smartphone wäre gar nicht mehr im Schlafzimmer, es läge in der Küche. Weiß doch inzwischen jede*r, wie schädlich die Berieselung durch Blue Light vor dem Einschlafen ist. Bringt den zirkadianischen Rhythmus aus dem Takt. Kostet Schlaf. Oder war es Lebenszeit?

Ich greife zum Handy auf dem Nachttisch neben mir, das mich gerade mit dem dritten Snooze zum Aufstehen ermahnt, um Blue Light zu googeln. Aber vorher kurz zu Instagram. Auf die paar Minuten kommt es jetzt auch nicht mehr an.

Ich scrolle vorbei an einem Foto von einer Influencerin in der Infrarotsauna, die dazu «Life isn't about finding yourself, it's about creating yourself» postet, ein Zitat, das sie George Bernard Shaw zuordnet, vorbei an einem Aufräum-Video, einer Anleitung zur Gua-Sha-Gesichtsmassage, und lande bei Emily Weiss. Die teilt an diesem Morgen ihr Rezept für Kaffee: Zwei Tassen davon, dazu zwei Portionen Kaffeeweißer mit Kollagen, ein Viertel Teelöffel Ashwagandha, ein Esslöffel Kakao, ein Esslöffel MCT-Öl, ein Esslöffel Vanille-Ghee, einige Tropfen Lion's Mane. Die Resonanz: Enorm. Jedenfalls bedankt sie sich für den großen Zuspruch mit dem Hinweis: «FYI: Der Schlüssel sind Vitalproteine, Vanille-Ghee und MCT-Öl. Alles andere gebe ich nach Geschmack hinzu.»

Emily Weiss, das ist nicht ganz unwichtig, ist die Gründerin von Glossier, einer Beautymarke, die 2019 zum Einhorn wurde, also zu einem Unternehmen mit einer Marktbewertung von über einer Milliarde US-Dollar. Irgendetwas wird sie richtig machen. Vielleicht ihren Kaffee.

Ich tippe nun nicht Blue Light in mein Handy, sondern suche nach den Zutaten, von denen ich Screenshots gemacht habe, die ich, ähnlich wie zig andere Ideen, in einem eigenen Ordner speichere, um sie sofort wieder zu vergessen. Kollagen soll als Nahrungsergänzungsmittel die Haut «von innen straffen» und zudem Nägel, Haare und Gelenke stärken. Das Wurzelextrakt Ashwagandha zur Stressbewältigung beitragen. MCT-Öl? Gleicht den Blutzuckerspiegel aus. Ghee? Wirkt entschlackend. Kakao? Nicht nachgeschaut. Ich gehe davon aus, dass er das Ganze genießbar machen soll.

Wenn Sie jetzt nicht sofort wissen wollen, was Lion's Mane ist, leben wir in unterschiedlichen Zeiten. Oder es gelingt Ihnen, die konstanten Erinnerungen zur Optimierung – denn was sonst ist Kaffee *nach Rezept*? – konsequenter zu ignorieren. Falls ja: In welchem Ratgeber haben Sie gelesen, wie das geht? Ich würde ihn kaufen. Und eventuell lesen. Wahrscheinlich aber nicht, wenn ich die Anschaffungen bedenke, die mich schon jetzt täglich daran erinnern, was ich womöglich verpasse.

Ein Auszug aus der Halde meiner guten Absichten:

Entsafter

Jaderoller

Spiralschneider

Diverse Apps (Screen Time, Einschlafhilfe etc.)

Diverse Trinkpulver (für Glow, gegen schädliche Umwelt-einflüsse etc.)

Palo-Santo-Räucherholz

Rosenquarz

Ein siebzigseitiges Arbeitsbuch zu einem einmonatigen Meditationskurs

Meditationskissen

Ätherische Öle

Notizbücher für Morgenseiten

Hübschere Notizbücher für Morgenseiten, weil ich immer noch denke, dass mich ein ansprechendes Design mehr davon überzeugen könnte, mit etwas anzufangen. (Siehe auch: hübsche Gewichtsmanschetten für Pilates; hübsche Wasserflaschen; Himmel, hübsche Post-its)

Trockenbürste

Apps zur Organisation (zu zahlreich, um sie aufzuzählen. Oder zu organisieren)

Die Kategorien reichen von «dekorativ, aber sinnlos» (Jaderoller) über «sinnvoll, aber zeitraubend» (Entsafter) bis zu «Das Leben ist zu kurz, um auf Spaghetti zugunsten von Zucchini-Schnüren zu verzichten, die nach Teich schmecken» (Spiralschneider). Nichts davon ist schädlich, manches durchaus brauchbar, alles zum Zweck gekauft, mir etwas Gutes zu tun. Wozu denn sonst? Ohne war es bislang ebenfalls zu schaffen – ohne Spirulina zu schlucken, ätherische Tropfen von «Freude» auf die Schläfen zu tupfen oder meinen Körper bei geöffnetem Fenster in der frischen Morgenbrise abzubürsten, wie mir eine Followerin mal auf Instagram empfahl. Habe ich bisher nicht gemacht – die Nachbarn! – und frage mich doch: Könnte das «der Schlüssel», wie Emily Weiss es nannte, sein? Denn obwohl es mir nicht grundsätzlich schlecht geht: Reicht das?

Eine Frage, die sich erst ergeben kann, wenn man mit einer guten Grundausstattung begünstigt wurde, kann man meinen, und sicher ist das nicht verkehrt, doch das Empfinden, dass es nicht ganz ausreicht, mit leichtem Gepäck auf dem Lebensweg entlangzutrotten, sondern man potenziell besser unterwegs sein sollte, ist allgemein präsent, wenn Getränkefirmen ihre Brausen mit einem «Positive Mindset» bewerben, Schlafmasken «More Joy» bringen sollen und Bildschirmschoner eine «Daily Self-Love Checklist» bereithalten.

Das, was man sich früher einmal im Jahr vornahm – ein gesünderes, entspannteres, ausgeglicheneres Leben –, ist zur Dauerbeschäftigung geworden. Allein in meinem erweiterten Freundinnenkreis. Da sind die Edelsteinsammlerinnen, die sich zur Optimismus-Steigerung mit so viel Lapislazuli behängen wie zuletzt in ihrer alternativen Phase in den Neunzigerjahren; die Gesundheitsgurus, die probiotische Pulver als neue Energiequelle entdeckt haben; die Gelösten, die ihre Entspannung auf Akupressurmatten finden. Die mit Affirmationskarten mit positiven Glaubenssätzen in den Tag starten, abends Dankbarkeitstagebuch führen und die, bevor sie irgendwo neu einziehen, erst mal die Bude ausräuchern. Die von

Microdosing mit LSD gegen depressive Verstimmungen berichten und für eine geruhsame Nacht vor dem Schlafengehen sich CBD-Creme in den Nacken reiben. Bei unseren Zusammenkünften geht es zu wie auf Druidentreffen. Nicht zufällig spielen Kaftane inzwischen eine tragende Rolle in unseren Garderoben. Auch diejenigen, die Wellness lange mit skeptisch erhobener Augenbraue bedachten, streichen sich mit Quarzsteinen übers Gesicht, um Verspannungen zu lösen. Wie konnte es so weit kommen?

Von allen möglichen Erklärungen für den Wunsch nach einer Verbesserung des persönlichen Gesamtzustands – und es gibt viele: Er ist Ausdruck einer Sehnsucht, in einer unüberschaubaren Welt das zu beeinflussen, was kontrollierbar wirkt; Sinnsuche nach Glaubenssätzen in einer zunehmend säkularen Gesellschaft, in der traditionelle Religionen an Bedeutung verlieren; Zeitgewinn, da Menschen immer länger leben und aus den verbleibenden Jahren alles rausholen wollen; Ausdruck einer Angst vor dem Tod, weil wir verlernt haben, dass er Teil des Lebens ist; Schuldgefühle, denn wer heutzutage die Zeit und die Mittel hat, das Beste aus sich zu machen, handelt beinahe fahrlässig, es nicht zu tun – wirkte diese These bei mir am stärksten nach: Hat man sich auf dem Lebensweg von der Vorstellung gelöst, *alles* haben zu können, konzentriert man sich auf das, was einem sicher ist: sich selbst. «Wellness war ein Weg, uns neu zu orientieren», schrieb die Journalistin Taffy Brodesser-Akner in der *New York Times* in einem ausführlichen Porträt über das Prinzip Goop, das inzwischen 250 Millionen US-Dollar schwere Wellness-Imperium von Gwyneth Paltrow, das bemerkenswerterweise einmal mit einem Newsletter begann, in dem ein nicht glutenfreies Pasta-Rezept empfohlen wurde. «Wir standen niemandem zu Diensten, und wir waren es wert, dass wir uns um uns kümmerten. Es ging nicht darum, etwas zu erreichen; es ging darum, uns an die erste Stelle einer Liste zu setzen, auf der wir zuvor nicht einmal standen. Wellness war vielleicht das Resultat von zu viel *having it all*, zu viel Streben, zu vielen Erwartungen, die unsere erschöpften Mütter nicht erfüllt hatten, als sie abends in ihre Betten fielen. Wellness kam an, weil es schwer gebraucht wurde.» Der Text erschien 2018. Seitdem hat sich dieses Wohlbefinden zu Self-Care zugespitzt, angetrieben durch die letzten Jahre, in denen man unfreiwillig viel Zeit mit sich verbringen musste.

Als zeitweise die Aufträge ausblieben, sagte ich mir: Dann eben ein persönliches Projekt! So kam es, dass ich mich eine Weile lang morgens hinsetzte, um ohne Deadline drei Seiten zu schreiben, nachdem ich *Der Weg des Künstlers* der Schriftstellerin Julia Cameron gelesen hatte, «ein spiritueller Pfad zur Aktivierung unserer Kreativität», der auf Instagram zeitweise fleißig geteilt wurde. Tatsächlich wirkte es klärend, die Gedanken in einem intuitiven Fluss, den sogenannten Morgenseiten, zu Papier zu bringen, wie ich meinen Freundinnen bald bei jeder Gelegenheit berichtete.[9] Der Fluss versiegte im Stau neuer Deadlines, weil ich nach dem ersten Lockdown dankbarerweise wieder regelmäßig arbeiten konnte.

Um die Belastung der Parallelanforderungen von Job, Kinderbetreuung und Haushalt besser zu bewältigen, probierte ich Meditation. Es war eine innige Erfahrung, einen Monat lang jeden Morgen mit einer Gruppe ähnlich verstrubbelter Frauen zur Gesangsmeditation auf Zoom zusammenzukommen. Die Bedeutung des Gesangs müsste ich im Arbeitsbuch nachschauen, das ich nie ausfüllte, aber wer weiß, wo das liegt, daher kann ich lediglich festhalten: Ohne das Nachdenken darüber, *was* ich da vor mich hin brummte, kam ich beim Singen für flüchtige Momente, in denen ich meine her-

---

9 Ich glaube, Freundschaften bleiben bestehen, wenn man speziell die nervtötenden Angewohnheiten aneinander akzeptiert – wie die meines Dozierens.

umirrenden Gedanken einfangen konnte, in einen Zustand, der wie das Gegenteil von Schwerkraft wirkte. Ich war die Göttin der Morgenröte. Das darauffolgende tägliche Chaos nahm ich mit heiliger Geduld und einem seligen Lächeln wahr. Der Kurs war im Sommer. Dann kam der Herbst, unser Sohn wurde eingeschult, ich konnte die allermeiste Zeit in Ruhe arbeiten und hätte um 5:30 Uhr aufstehen müssen, bloß um das Unwohlsein meiner Gedanken auszuhalten. Ich blieb liegen.

Bekanntlich haben Praktiken wie die Meditation in vielen Kulturen seit Jahrtausenden eine spirituelle Bedeutung. Ich hatte den Zugang dazu kurzfristig gesucht und war vermutlich daher auf direktem Weg gescheitert. Aber es gab ja so vieles andere, das versprach, die tägliche Existenz zu erleichtern – während man weiter funktionierte. Da war der Kaffee von Emily Weiss, der noch während des Trinkens den Blutzuckerspiegel senkte. Ich las von pinken Keyboards, die beim Tippen Stimmungstiefs heben sollen, Apps, die unterwegs therapieren, oder Reinigungsmitteln auf Basis ätherischer Öle, mit denen man nicht lediglich die Böden bearbeitet, sondern, ich zitiere eine der Macherinnen dieser Produkte, denn so weit reicht meine Fantasie nicht: «das Wurzelchakra des Hauses» säubert. Es ist eine späte, aber treffende Pointe, dass die in *Friends* als Putzpedantin bekannt gewordene Schauspielerin Courtney Cox eine Linie «Home-Care Products» lanciert hat. Ein Artikel zu ihren und ähnlichen Linien wollte wissen: «Ist das Schrubben der Toilette schon Self-Care?». Eine rein theoretische Frage, bedenkt man, welche höhere Bedeutung allein das Reinigen bekommen hat, seit Marie Kondo mit der Vorstellung aufgeräumt hat, man könne Dinge besitzen, die keine bedeutungsvollen Objekte sind. Ihr Versprechen: Ein Detox des Zuhauses versetzt in einen meditativen Zustand. Nützlich, dass man zuletzt eh die meiste Zeit daheim war.

Mindestens so zahlreich wie die Methoden sind Studien, die

ihre positive Wirkung belegen. Einige davon schienen mir vor allem zu bescheinigen, wie groß die Kraft der Suggestion ist. In einer gaben die Befragten an, beim Geschirrspülen eine Senkung der Nervosität zu verspüren, wenn sie den Duft des Spülmittels bewusst wahrnahmen und sich auf das «Erlebnis» einließen. Andere Untersuchungen bestätigen, was man sich sowieso denken kann, wenn man regelmäßig das Bett macht und die Wohnung sauber hält: Ein Aufräumen des Außen begünstigt eine innere Aufgeräumtheit. Welche konkrete Auswirkung es beispielsweise auf die Qualität meiner Arbeit hat, dass ich bei drohenden Abgabeterminen ständig um mich herum für Ordnung sorge, ist schwer messbar, aber: Im Chaos schreibe ich auch nicht besser. Stelle ich fest, dass ich anfange, meine Notizen im rechten Winkel zur Schreibtischplatte anzuordnen, weil ich sonst *auf gar keinen Fall* geistreich sein kann, finden sich auch dazu die passenden Studien: Aufschieben wirkt sich negativ auf das Wohlbefinden aus.

Das Erreichen einer Optimierung ist allerdings trügerisch. Auch Marie Kondo verkauft längst Produkte wie Boxen zur Organisation von Hochzeitsandenken, Bürsten zur Reinigung der Computertastatur oder Halter für Ohrringe, kurz: Kram – den man eines Tages wieder entsorgen muss. Aufräumen ist das halbe Leben bekommt da eine völlig neue Bedeutung.[10]

Dieses Flüchtige ist die Grundlage von Self-Care als Geschäfts-

---

10 Wem deshalb die Zeit ausgeht, der kann delegieren: an eine Modepsychologin, die den Schrank sortiert und verspricht, durch die Kraft der Kleidung das Leben zu transformieren; an eine Schlafflüsterin, die einem Rituale zum Einschlafen beibringt; an einen Ordnungscoach, der Weckgläser im Regal anordnet und in Aussicht stellt, damit auch das Innenleben zu regeln. Was in Haustouren früher das Ankleidezimmer mit deckenhohen Schuhregalen war, ist heute die perfekt organisierte Vorratskammer mit farblich harmonierenden Paleo-Müslisorten.

modell, das mit jedem Jahr einige Milliarden mehr wert ist:[11] Man fängt immer wieder von vorne an, ob mit dem Putzen, der Saftkur oder dem Vibrator, der neuerdings als Well-Being Tool verkauft wird und bei dem die Wiederholung wenigstens willkommen ist. Gleichzeitig wird suggeriert, dass man nur das eine Ding davon entfernt ist, den optimalen Zustand zu erreichen. «Du kaufst ein Vagina-Ei für ein Problem, wovon du Rückenschmerzen bekommst, also kaufst du eine Faszien-Rolle, von der du blaue Flecke bekommst, also kaufst du homöopathische Arnika. Und so weiter und so fort, auf der ewigen Kurskorrektur Richtung Wellness, ohne jemals das Ufer zu erreichen», hat die Kolumnistin Marina Hyde im *Guardian* geschrieben. Bewirkt man bei der endlosen Verbesserung nie etwas Fundamentales, bleibt das Gefühl eines persönlichen Scheiterns. Self-Care, so will es schließlich der Name, ist Eigenverantwortung.

Dabei ist das, wofür all diese Produkte und Praktiken Heilung versprechen, für den Einzelnen kaum zu bewältigen. Belastung, Stress, Überforderung sind meist fremdbestimmt, etwa durch mangelnde Flexibilität bei Arbeitsmodellen und fehlende Angebote zur Kinderbetreuung. Auch die, die sich Wellness leisten können, bleiben unbefriedigt. Das «bei sich sein» ist oftmals darauf angelegt, in der Welt da draußen zu funktionieren, mit verbesserter Kreativität, gesteigerter Resilienz, erhöhter Stimulation. «Wo soll das enden?», fragt Marina Hyde. «Ich schätze, wenn man eine alte Lady ist und sich ein Pferd einverleibt. Und daran stirbt, natürlich.» Betonung auf Lady, denn es ist schon auffällig, dass die Hauptbereiche von Self-Care – Ernährung, Schönheit, Mode, Fitness, Wohnen – traditionell weiblich dominierte Fachgebiete sind. Zufall?

---

11 Und alle machen mit. Brad Pitt investiert beispielsweise in eine Marke namens Enroot Cold Brew Wellness Teas. Brad Pitt!

Was sich nicht so leicht auseinandernehmen lässt, ist der Aspekt der körperlichen und mentalen Gesundheit. Denn wahr ist eben, dass Frauen in der Schulmedizin noch allzu oft nicht ernst genug genommen werden, ob in der Forschung oder in ihren Leiden. Self-Care verspricht dagegen umfängliche Berücksichtigung: Hier sind die alternativen Mittel, um für dich selbst zu sorgen. Das hat durch die Pseudo-Pulver, die in der Pandemie als Heilmittel propagiert wurden, den bitteren Beigeschmack bekommen, dass sich Ängste immer zu Geld machen lassen, doch es gibt auch andere Ansätze, die *Me Time* von fragwürdigen Produkten und wenig altruistischen Geschäftsmodellen zu lösen.[12]

Einen davon unternimmt Svenja Gräfen in ihrem Buch *Radikale Selbstfürsorge. Jetzt!*, mit dem sie Self-Care zu den Ursprüngen zurückführen will, als sie noch nicht vornehmlich eine Freizeitbeschäftigung weißer, vermögender Menschen war, sondern, im Gegenteil, durch die Schwarze Aktivistin Audre Lorde so definiert wurde: Nur, wer selbstfürsorglich agiert, habe Kraft für den Widerstand gegen Rassismus und soziale Ungerechtigkeit: «Caring for myself is not self-indulgence, it is self-preservation, and that is an act of political warfare.» Am Untertitel lässt sich erkennen, was Gräfen vorschwebt: *Eine feministische Perspektive.* Sie plädiert dafür, Self-Care nicht als Mittel zu verstehen, in der Leistungsgesellschaft kurzfristig besser zu funktionieren, sondern als langfristige Auseinandersetzung mit den eigenen Bedürfnissen, und beschäftigt sich unter anderem damit, wie man Grenzen setzt, besser mit der Energie haushaltet und nachhaltig Erholung findet. Ein zentraler Gedanke, der nach der Lektüre bleibt: den eigenen Wert von Pro-

---

12 Weiter will ich auf die Zusammenhänge zwischen Esoterik und Impfskepsis nicht eingehen, weil ich mich, wenn ich länger darüber nachdenke, extrem verspannt fühle.

duktivität zu entkoppeln, um nicht nur in Momenten mit sich fürsorglich zu sein, wenn man Leistung erbracht hat.

Nun soll es Menschen geben, die es, frei von jeglichen Optimierungsgedanken, ganz einfach genießen, morgens mit einer Trockenbürste resolut den ganzen Körper abzuschrubben, oder die von selbst auf die Idee gekommen sind, wie wohltuend es ist, wenn man zu Dingen und Menschen «Nein» sagt, statt dauernd seine Strapazierfähigkeit unter Beweis zu stellen, oder die, auch das gibt es, Freude am Putzen haben.

Wer seine eigenen Bedürfnisse so gut kennt, weiß: Diese Praktiken wirken nur, wenn sie zur Routine werden. Routine ist Arbeit.

Was mich zu meinem wahren «Problem» bringt und, ich befürchte, der Ursache für das letztendliche Scheitern all meiner bisherigen Verbesserungsvorhaben: Ich würde gerne mal wieder erleben, wie es ist, wenn ich *nicht* an mir arbeite. *Nicht* dauernd in mich rein höre und nachfühle. Nicht dazu aufgefordert werde, wie in dem Newsletter einer Modemarke, der eben eintrudelte, mich selbst zu umarmen, oder daran erinnert werde, wie die Frau in der Werbung eines Möbelhauses, an dem ich vor Kurzem vorbeilief, «Endlich bei dir», also: bei sich, zu sein. War das Ich-Sein nicht weniger anstrengend, als es noch kein Bei-sich-Sein war? Ich vermisse das Unvorhergesehene. Das Abenteuer. Lag der Spaß nicht mal darin, Fehler zu machen, statt sie zu beheben? Mir reicht's mit Self-Care. Ich wünsche mir Selbstbefriedigung.

Denn das, was ich früher darunter verstand, mich gut zu versorgen, wenn ich bis 5 Uhr früh an Tresen saß, Pils in einer Hand, Kippe in der anderen, flirtend und unfertig und frei von *Learnings*, habe ich aufgegeben. Alles andere wäre unvernünftig. Rauchen? Schmeckt nicht mehr. Trinken? Aufgrund fehlender Enzyme im Alter wird Alkohol nicht mehr abgebaut, sodass ich auch nach zwei konservativ bemessenen Gläsern Rotwein einen Schädel habe.

Drogen? Meine Erfahrung als 17-Jährige mit LSD auf einer Achter-bahn reicht für alle Ewigkeit; Marihuana macht mich paranoid; für alles andere bin ich zu sehr Kontrollfreak. Sex mit Unbekannten? One-Night-Stands fand ich nie so aufregend wie Sex mit meinem mir inzwischen recht gut bekannten Mann.[13] Shopping? Das High einer Tüte Klamotten für 100 Euro von Zara ist mit der Vernunft, nachhaltige Entscheidungen zu treffen, kein pures Hochgefühl mehr. «Ich bin gestresst, aber nicht mal davon geht mein Puls noch hoch», sagte eine Bekannte, als wir uns letztens zum Mittag auf ein Mineralwasser trafen. «Wo ist die Spannung?»

Ich kann dafür, dass mein größter Nervenkitzel heute darin besteht, einen Joghurt fünf Tage nach dem Mindesthaltbarkeits-datum zu essen, kaum mein Alter verantwortlich machen. Es gibt reichlich Menschen, für die der Besuch auf Festivals Tradition hat, die spät ihre sexuelle Vorliebe für BDSM entdecken oder auf einem Ayahuasca-Trip tiefgreifende Erfahrungen machen. Einige von ih-nen kenne ich persönlich und lausche gebannt ihren Erfahrungs-berichten. Aber, und das hat dann doch wieder mit dem Alter zu tun: Irgendwann erkennt man, dass man manches nicht mehr aus-probieren muss, um zu wissen, dass man persönlich nichts verpasst, wenn man's bleiben lässt.

Was also tun? Was tun, wenn ich einerseits nicht schon wieder meditativ Teller spülen möchte und es andererseits die Magie ver-loren hat, mir gelegentlich gepflegt einen reinzuzimmern?

Was, wenn es etwas ganz Konkretes zu korrigieren gäbe?

Nicht meine Aura, sondern meine rechte Körperhälfte. Über all die Jahre, in denen ich auf einer Reihe ergonomisch katastrophaler Stühle über meinen Laptop gebeugt saß, hatte sich ein Ziehen unter

---

13 Auch wenn das größte Abenteuer daran häufig ist, die Zeit dafür zu finden, siehe Kapitel «Bleibst du noch?».

dem Schulterblatt aufgebaut, das sich beständig weiter Richtung Hüfte vorgearbeitet hatte, wo es sich über der Pobacke ballte wie eine glühende Hand, bei der ich aber nicht an abenteuerlichen Sex dachte, sondern bloß daran, wie ich morgens aus dem Bett in die Senkrechte kommen sollte. Diese Klaue packte sich immer öfter auch mein Bein, sodass ich zeitweise nur noch Schuhe trug, die ich nicht zubinden musste. Der Soundtrack meines Tages war ein geriatrisches Schnaufen. Was ist los, fragte meine Trainerin, wenn ich trotzdem die Turnschuhe geschnürt hatte. Uff, gnnnn, mmmpfffff, machte ich, denn obwohl der Sport meine Kondition verbessert hatte, konnte er den Protest meines Körpers gegen zwei Jahrzehnte Schreibtischarbeit nicht dauerhaft besänftigen. Akupunktur, riet die Trainerin. Nadeln, nein danke, dachte ich. Osteopathie, wusste eine Freundin. Ich ging dreimal hin, lernte ein paar nützliche Gleichgewichtsübungen und vor allem, dass es zu teuer wäre, außerhalb der drei verschriebenen Termine weiter hinzugehen. Stehpult? Zu wenig Platz (aber ehrlicherweise: zu viel Stolz). Aufhören zu arbeiten? Unmöglich.

Da ich, entgegen allem, was Self-Care verspricht, nicht *alle* Antworten in mir selbst fand, recherchierte ich die Möglichkeiten und kam zu dem Schluss, dass, sollte ich nicht plötzlich im Lotto gewinnen oder über Nacht der Spätkapitalismus enden, nur noch eine Option bleibt, die letzte Option: Yoga.

Yoga heilt. Yoga stärkt. Yoga euphorisiert. Yoga erledigt Stress, Anspannung und Haltungsprobleme – hatte ich natürlich alles schon gehört. Besonders häufig von denen, die Yoga machen. Oft musste ich nicht mal fragen und bekam Yoga als Antwort. Auf alles. Und mit einer Überzeugung, bei der ich nicht selten dachte: «Sprich ruhig weiter, ich verlass kurz den Raum, um auf meinen Rosenquarz zu beißen, sonst fange ich an zu schreien.» Es musste noch einiges an persönlicher Transformation passieren, wenn ich mich aus schierer Bockigkeit weigerte, mich auf eine Lehre einzulassen, die Menschen seit Millennia bewegt. Meine Ablehnung hatte sich unter meiner verspannten Schulter formiert, und auch ein paar missmutige Yogastunden hier und da konnten sie nicht lockern.

Aber, wie das so ist, wenn man nicht mehr den jugendlichen Elan des Widerstands in sich trägt: Ich wurde schwach. Zu einem Jahreswechsel, wenn man traditionell besonders anfällig dafür ist, etwas verändern zu wollen, erzählte mir O. von Adriene Mishler. Diese Adriene, Yogalehrerin aus Texas, würde seit einigen Jahren regelmäßig ein dreißigtägiges Programm auf ihrem YouTube-Kanal anbieten. Kostenlos, sagte O. Machbar, weil halbstündig, sagte sie. Und dann sagte sie auch noch: «Das ist Yoga für Menschen, die beschlossen haben, Yoga nicht zu mögen.» Sie meinte: Das ist Yoga ohne Dogmen und ohne Konkurrenzgebaren.

Ich las, dass Adriene Mishler, Ende dreißig, gelernte Schauspielerin, ihre ersten Videos vor rund zehn Jahren online stellte, aus der Überzeugung, Yoga für die zugänglich zu machen, die sich Studiogebühren oder Klassenpreise nicht leisten können. Ihre Praxis basiert auf Anwendbarkeit, die leicht erlernbaren athletischen Bewegungsabfolgen ordnet sie etwa in «Yoga for Manual Labor» und «Yoga for Chefs», «Yoga for Cramps and PMS» oder «Yoga for Grief». Ihre empathische Art machte sie laut *New York Times* zur «Reigning Queen of Pandemic Yoga», mit gut 10 Millionen YouTube-Abonnent*innen. Mitten in der Pandemie und auf dem Höhepunkt ihrer Popularität, berichtete Mishler der *Times*, habe sie selbst ein Burnout erlitten und sich eine einmonatige Pause verordnet, um wieder zu Kraft zu kommen. Das alles klang nahbar und grundsympathisch, und so schluckte ich, dass sie ihr Programm eine esoterisch klingende *Journey*, eine Reise, nennt, und konzentrierte mich auf ihre Ansage: «You showed up. That's the hardest part.» Du bist erschienen. Das war der schwerste Teil.

Ich könnte nun erklären, wie schwer es zudem war, die Balance zu halten. Könnte die technischen Aspekte von Krähe, herabschauendem Hund oder Krieger beschreiben. Berichten, wie sich meine rechte Körperseite langsam dehnte, wie ein brüchig gewordenes Gummiband, das zu lange in meiner Küchenschublade gelegen hatte, und wieder flexibler wurde. Wie sich mein Rücken öffnete. Sich *alles* öffnete.

Was ich aber feststellte, und wovon selten die Rede war, wenn mir von den Vorzügen von Yoga berichtet wurde, war, was dabei *nicht* passierte:

Ich dachte nicht über meinen Körper nach. Nein, anders: Ich dachte nicht über meine Figur nach. Jeder Vertrag, den ich je für ein Fitnessstudio unterschrieben hatte, jede Probestunde, die ich in Pilates belegt hatte, ja, selbst das Intervalltraining, das ich vor allem zur Kräftigung begonnen hatte und das ich nicht, wie so vieles andere, wieder abgebrochen hatte, hatte zum Ziel, die Oberarme Richtung Michelle Obama, die Bauchmuskeln Richtung Tracy Anderson oder die Zahl auf der Waage, die ich zeitweise besser kannte als meinen Kontostand, Richtung vor der Schwangerschaft zu trainieren und mich wieder unter Kontrolle zu bringen. Eine halbe Stunde auf der Yogamatte war dagegen wie ein begleiteter Kontrollverlust. Vielleicht lag es daran, dass ich mit den Videos nicht anfing, um meine Muskeln zu stärken, sondern sie zu lösen, aber mich beschäftigte sehr schnell nicht mehr, wie ich dabei aussah, sondern was ich dabei empfand: die Wahrnehmung, den Körper von innen auszufüllen, statt ihn äußerlich zu reduzieren.

Sicher hängt das damit zusammen, dass ich die Videos allein sah und damit Konkurrenzgedanken automatisch ausschaltete. Selbst beim Meditieren, dieser egozentrischen Beschäftigung, war einer meiner wiederkehrenden Gedanken, ob die anderen in der Gruppe wohl *besser* meditierten als ich.

Ich riss mich nicht mehr zusammen. Wie viele Menschen betreibe ich einigen Aufwand, mich jeden Tag zu beherrschen und die Luft anzuhalten, um eine höfliche, zuvorkommende, verständnisvolle und funktionierende Kollegin, Partnerin und Erziehende zu sein, die nicht konstant die Nerven verliert, ob durch private Belastungen, zwischenmenschliche Herausforderungen, die weltpolitische Gesamtlage oder die Begegnung mit einem dampfplaudernden Jochen.[14] Meine Gefasstheit löste sich mit jedem von Mishler durch «Trust the breath» oder «Lots of love in, lots of love out» begleiteten Atemzug auf, bis ich am Ende jeder Einheit im Shavasana dalag – und häufig weinte.

Vor Erleichterung, aber auch vor der Freundlichkeit, die mir widerfuhr, denn was ich neben der Krähe auch nicht schaffte, war es, bei den anfänglich gewöhnungsbedürftig liebevollen *Trust the breaths* und *Lots of love ins* auf Dauer einen Zynismus aufrechtzuerhalten. Der ist gegen Mishlers Aufrichtigkeit chancenlos. Es wäre harte Arbeit gewesen, weiter darauf zu bestehen. Gerade nach Jahren, in denen menschliches Zusammensein so rar war, war es viel leichter, sich von ihr berühren zu lassen.

Genau, ich kann die Krähe nicht halten. Es kommt mir unwahrscheinlich vor, dass ich es jemals schaffen werde, dass meine Hände mein Körpergewicht stützen. Es ist gut möglich, dass ich nie gut in Yoga werde. Allein für die Erfahrung, dass ich etwas, in dem ich schlecht bin, genießen kann, hatte sich die *Journey* gelohnt.

Ich machte das dreißigtägige Programm über rund fünfzig Tage. Dann machte ich weiter. Ich schrieb Yoga nie auf eine meiner Listen. Wenn mir danach war, rollte ich die Matte aus, ohne zu wissen, was in der nächsten halben Stunde auf mich warten würde, aber in der Gewissheit, dass es mir danach besser ginge.

---

14 Jochen? Die Erklärung folgt im Kapitel «Wer hat dich eigentlich gefragt?».

So gut kann Yoga gar nicht sein. Denke ich zwischendrin immer mal wieder. An manchen Tagen kommt es mir vor wie ein Trostpflaster, das ich auf eine Fleischwunde lege, die nur ein gesellschaftlicher Wandel heilen kann. Doch während ich den erwarte, kann ich ebenso gut meine Schulter dehnen. Es gibt auch Tage, an denen ich aus meinem gesamten Körper und allen Gedanken auschecke. Es ist ein High ohne Absturz.

Ich halte Yoga nicht für *die* Antwort, aber ich glaube, dass es, bei allen persönlichen Grenzen und Umständen, eine plausible Frage beinhaltet, die man sich immer und immer stellen kann, während man sich weiterbewegt: Welche Reisebegleitung brauche ich heute?

Es gibt eine Szene in dem umwerfenden Dokumentarfilm *Tea with the Dames*, in dem die zu Damen geadelten, befreundeten und alle um die neunzigjährigen Schauspielerinnen Judi Dench, Joan Plowright, Maggie Smith und Eileen Atkins einen Nachmittag lang über ihre Freundschaft, ihre Karrieren und ihre Ehen erzählen und die Frage aufkommt, was sie ihrem jüngeren Ich raten würden.

Joan Plowright beginnt. «Ich würde sagen, befasse dich schon in jungen Jahren mit Yoga und Achtsamkeit und lerne etwas über das Gehirn und welchen Einfluss es auf den Körper hat. All diese Dinge, für die ich mich später im Leben interessiert habe und die ich schon viel früher hätte gebrauchen können.»

Eileen Atkins: «Ich denke, Joan hat recht. Ein zusätzlicher Rat von mir wäre: Sei nicht so übellaunig und streitlustig. Und höre mehr zu.»

Maggie Smith: «Ehrlich gesagt weiß ich es nicht, und ich würde mir höchstwahrscheinlich auch gar nicht zuhören, aber ein Rat wäre: Wenn du an etwas zweifelst, mach's nicht.»

Judi Dench: «Verlieb dich nicht so schnell, das macht dich fertig.»

Alle: «Oh, Judi, lass den Quatsch!»
Maggie: «Wie auch immer, es ist zu spät.»
Joan: «Wer hat gesagt, es ist zu spät?»
Maggie: «Das war ich, Süße.»
Joan: «Es ist nie zu spät.»
Maggie: «Du weißt, dass es zu spät ist!»
Joan: «Für die Liebe ist es nie zu spät.»
Lachen, Champagner, Abblende.

So in etwa stelle ich mir das vor, wenn meine Freundinnen und ich um die neunzig sind, wir in unseren Kaftanen dasitzen und uns nicht so furchtbar viel einfällt, was wir hätten optimieren können.

HABEN SIE MEINE E-MAIL ERHALTEN?

Über ständige Erreichbarkeit

In einem meiner hübschen Notizbücher, die ich nicht für Morgenseiten nehme, sondern in dem ich die herumfliegenden Gedanken für dieses Buch sammele, habe ich eine Zahl notiert und mehrmals eingekreist. Es ist die Zahl 26. So viele E-Mails soll der/die durchschnittliche Arbeitnehmer*in in Deutschland pro Tag erhalten. Ich habe sie deshalb aufgeschrieben, weil ich sie für absolut repräsentativ halte – wenn damit allein die Anzahl der E-Mails gemeint ist, in denen gefragt wird, ob man die vorherige E-Mail erhalten hat. In den paar Minuten, in denen ich diese Zeilen geschrieben habe, kamen drei davon an. Wahrscheinlich. Ich will nicht nachschauen, denn sonst gucke ich von den E-Mails weiter zu YouTube – und bevor ich mich versehe, habe ich drei Videos über Kuchendekoration geguckt, und es ist wieder eine halbe Stunde rum, in der ich nicht mit diesem Text fertig werde.

Wie soll man mit der täglichen Kommunikation umgehen? Natürlich, es gibt reichlich Fachliteratur, wie man die Kontrolle über seinen Posteingang zurückgewinnt – aber will ich in meiner begrenzten Lebenszeit nicht lieber anderes lesen? Es gibt Life Hacks wie «Tausche dein Smartphone gegen ein Klapphandy» – aber ist es dafür nicht längst zu spät? Es gibt Smart Replies, eine Erfindung von Google, die per künstlicher Intelligenz Antworten vorschlägt, doch die vorformulierten Sätze sind aktuell nur auf Englisch verfügbar und so kurz – *Sure, no problem!* –, dass es keine Zeitersparnis bringt, drauf zu klicken, statt selbst drei Wörter zu tippen. Statt schlauer Antworten habe ich mir 19 ehrliche Antworten auf die Frage «Haben Sie meine E-Mail erhalten?» zurechtgelegt, denn anders, so scheint mir, hören wir nie auf, einander zu mailen. Für 26 Ideen hatte ich keine Zeit. Sie können sich denken, warum.

Vielen Dank für Ihre Geduld. Ich wollte längst antworten, doch dann überlegte ich, dass meine Antwort wiederum eine Antwort Ihrerseits auslösen würde, die ich dann beantworten müsste, woraufhin Sie mir zurückschreiben würden, was eine Erwiderung meinerseits erforderlich machen würde, und da hielt ich es für sinnvoller, Ihre E-Mail zu ignorieren. Bitte gedulden Sie sich weiter.

Danke für die Erinnerung, dass Sie mir erst gestern geschrieben haben. Ich bin auch in der Zwischenzeit zu keiner Entscheidung gekommen, ob ich für den Weihnachtsbasar in der Schule lieber Zimtschnecken, Kekse oder Brownies backen möchte. Da die Antwort «nichts davon» vermutlich inakzeptabel ist: Entscheiden Sie für mich? Danke.

Da in der E-Mail sieben andere Leute in cc standen, hatte ich erwartet, dass sich eine*r von ihnen um Ihr Anliegen kümmert.

Verzeihung, dass ich seit November nicht geantwortet habe und jetzt März ist. Ich wollte abwarten, bis ich die Frage «Ich hoffe, dir geht's gut und du hattest ein wunderschön sonniges Wochenende?» mit Ja beantworten kann.

Ja, ich habe die E-Mail bekommen. Ich war mir zunächst nicht sicher, ob ich gemeint bin. Zweifel hatte die Ansprache «Hallo Liebes!!!» ausgelöst, da wir uns nicht persönlich kennen. Beinahe hätte ich die Nachricht gelöscht, da ich beschlossen habe, E-Mails mit mehr als einem Ausrufezeichen in der ersten Zeile zu löschen, ohne sie zu lesen. Vorsatz für 2022!!! Das erscheint willkürlich, aber irgendwo muss ich schließlich anfangen, wenn ich Inbox Zero erreichen will. Sicher kennst du die Strategie, alle E-Mails zu erledigen, um mehr Zeit für «deep work», für konzentriertes Arbeiten, zu haben. Aber wusstest du, dass der Erfinder der Idee, Merlin Mann, darüber bereits 2006 auf seinem Blog geschrieben hat, also zu einer Zeit, in der es viel mehr Blogs gab und viel weniger E-Mails? Noch interessanter finde ich, dass er für 2009 einen Ratgeber über Inbox Zero angekündigt hatte. Der ist nie erschienen. Wahrscheinlich hat Mann stattdessen E-Mails beantwortet, wie die, ob man sich am Geschenk zum vierzigsten Geburtstag einer gemeinsamen Bekannten beteiligen würde. Gerne. Welchen Betrag darf ich überweisen?

Herzlichen Dank für die Anfrage zu einem Artikel über Work-Life-Balance. Bei Ihren Honorarvorstellungen müsste ich den Beitrag inklusive Recherche und Interviews innerhalb von drei Stunden erstellen, damit die Kosten-Nutzen-Rechnung aufgeht, die, wie Sie wissen, entscheidend für eine ausgewogene Work-Life-Balance ist. Es wird Sie jedoch freuen, dass meine Absage, die ich innerhalb von einer Minute formuliert habe, umsonst ist.

Da in der Betreffzeile DRINGEND! stand, die Mail aber schon fünf Tage alt ist, ging ich davon aus, die Sache habe sich in der Zwischenzeit erledigt.

Ich habe mich so über die Anfrage «An das Management von Marlene Sørensen» gefreut, dass ich die Illusion, ich hätte

Angestellte, die sich um meine E-Mails kümmern, noch eine Weile aufrechterhalten wollte.

Ich weiß, Liebes, du hattest bloß noch mal geschrieben, weil du wissen wolltest, ob ich unserer Bekannten zum Vierzigsten eher einen Tag im Spa oder ein Wochenende in einer Tiny Cabin schenken würde, aber auch mir fiel noch etwas ein: Wusstest du, dass es rund zwanzig Minuten dauert, bis man sich nach der Störung durch eine E-Mail wieder auf seine eigentliche Aufgabe konzentrieren kann? Ich bin für Tiny Cabin. Finden wir eine abgelegene ohne WLAN?

Ihre E-Mail kam gerade an, als mein Sohn mir etwas zeigen wollte, und ich wollte ihn nicht wegschicken, weil «Mama muss noch schnell eine E-Mail beantworten, dann komme ich» zu einem Refrain geworden ist, den er zwar auswendig kennt, aber nur selten gern hört und der in mir einen Unmut auslöst, den ich nicht ständig «Zur Wiedervorlage» markieren kann.

Als Sie mir die Einladung zu dem Zoom-Seminar über Kommunikationsstrategien für Video-Calls schickten, guckte ich gerade Backvideos auf YouTube, wo mir in der Seitenleiste die Highlights eines Cricket-Spiels empfohlen wurden, da mein Mann offenbar meinen Laptop benutzt hatte, wodurch ich zum Wikipedia-Eintrag über Cricket klickte, weil ich dachte, dass ich diesen Sport vielleicht doch noch verstehen könnte, von wo ich aber schnell zu der Biografie des Cricket-Fans und, nebenbei, Literaturnobelpreisträgers Harold Pinter abbog und schließlich auf der Webseite *Letters of Note* landete, auf der eine Absage Pinters an den Dramatiker Tom Stoppard geteilt wurde. Sie lautete: «Lieber Tom, vielen Dank für die Einladung, ein Fundraising-Dinner in den Privaträumen eines der besten Londoner Restaurants auszurichten. Ich würde lieber sterben. Alles Gute. Dein Harold.» Die Liste der besten Absagen auf *Letters of Note* kann ich sehr empfehlen. Besonders während man auf die RSVPs zur Einladung eines Zoom-Seminars über Kommunikationsstrategien für Video-Calls wartet.

Ich beantworte E-Mails jetzt nur noch, wie von Merlin Mann vorgeschlagen, zu bestimmten Zeiten. Alle zwei Wochen erschien mir sinnvoll.

Nein, «ohne WLAN» war kein Witz. Ich könnte dir jetzt eine Studie dazu raussuchen, was die ständige Erreichbarkeit im frühen 21. Jahrhundert mit den Menschen gemacht hat, aber ich muss mich jetzt endlich mal um andere Dinge kümmern, deshalb vertrau mir einfach, wenn ich dir sage: nichts Gutes.

In der Zeit, in der ich nachgeschaut habe, wann KW14 ist, habe ich jegliche Energie verloren, die von Ihnen für diese Woche vorgeschlagene Verabredung abzusagen.

Ihre E-Mail habe ich leider nie bekommen. Verbleiben wir so?

Ich hatte mir fest vorgenommen, mich mit Ihrer E-Mail zu beschäftigen, aber jetzt bin ich vom späten Netflixen so übermüdet, dass ich die Frage, ob ich mein Streaming-Abonnement verlängern möchte, nicht beantworten kann. Ich weiß, dass kein Mensch diese Mail liest, da die Erinnerung zur Abo-Verlängerung automatisch generiert wird. Aber mir gefiel die Vorstellung, dass damit auch niemand antworten wird.

Ich hatte an dem Tag bereits 24 verschiedene Entscheidungen getroffen. Für eine weitere fehlten die Kapazitäten. Machen Sie mit meiner Steuererklärung einfach das, was Sie für richtig halten.

Ich hätte früher geantwortet, aber ich las gerade ein Interview mit Oliver Burkeman. In dem Gespräch sagt der Autor: «Als ich in meinen Mails förmlich unterzugehen drohte, habe ich Techniken ausprobiert, um sie schneller und besser abzuarbeiten. Das hat gut funktioniert. Ich wurde effizienter. Doch gleichzeitig wurden die Mails immer mehr. Es ist paradox: Wer schlecht darin ist, seine Mails zu beantworten, bekommt auch weniger Mails. Manche Probleme werden ohne einen gelöst, andere erübrigen sich, oder die Kollegen finden jemand anderen, der die Frage beantworten kann.»

Da ich meine E-Mails niemals abarbeiten werde, habe ich beschlossen, es zumindest heute nicht weiter zu versuchen. Haben Sie ein wundervoll sonniges Wochenende!!!

WIE VERGEHT DIE FURCHT?

*Über die Mutterschaft eines behinderten Kindes und
den Wert von Gemeinschaft*

Seit fast einem Jahr liegt in meinem Posteingang eine E-Mail, die ich nicht beantworten kann. Es liegt nicht daran, dass ich es nicht möchte. Ich finde nicht die richtigen Worte. Eine Frau, eine andere Mutter, hatte sich gemeldet, nachdem sie einen Podcast gehört hatte, in dem ich von den *special needs* meines Sohnes sprach. Es war in dem Gespräch nicht spezifisch um seine Bedürfnisse gegangen, sondern darum, wie mein Mann und ich zu Hause die Aufgaben verteilen. Sie schrieb mir von dem inneren Chaos, das die Diagnose eines seltenen Syndroms bei ihrem Kind in ihr ausgelöst hatte, und fragte, ob ich einen Rat habe, wie man das Leben neu sortiert, wenn plötzlich alles kopfsteht. Ihre Worte waren behutsam, tastend, rücksichtsvoll. Es stimmt nicht, dass ich ihr gar nicht antwortete. Ich schickte ihr eine E-Mail, die ich hilflos oft umformulierte und in der ich ihr schließlich vorschlug, sich jemandem anzuvertrauen, der ihr professionelle Hilfe bieten könnte, aus der Erfahrung, wie sehr mir meine eigene Therapeutin geholfen hatte. Als sie sich daraufhin noch einmal meldete, erzählte sie von der Angst, dass ihr Sohn vielleicht nie die Möglichkeiten haben werde, die anderen Kindern offenstehen. «Wie überwindest du sie, die Furcht?» Ich wusste nicht, wie ich ihr die Zuversicht hätte geben können, die ich ihr geben wollte. Ich war mir unsicher, was ich ihr raten könnte, da die Diagnose ihres Kindes eine andere war als bei meinem Kind. Vor allem schaffte ich es nicht, ihr zu schreiben, weil ich ihre Fragen kenne, aber selbst nach Antworten suche. Ich kenne ihre Furcht.

Manchmal, wenn ich im letzten Jahr versuchte, zu einer Antwort anzusetzen, kam mein Sohn ins Zimmer, um mich vom Computer wegzuziehen. Heute wollte er mir zeigen, was er aus Lego gebaut hat. Lego hat er erst vor Kurzem für sich entdeckt. Mit acht Jahren spät für sein Alter. «Spät für sein Alter» begleitet ihn schon sein Leben lang. Seine Hände wollen nicht immer seinen Gedanken folgen, deshalb ist es ein großer Schritt, dass er die kleinen Steine greifen kann und die Kraft in den Fingern entwickelt hat, um sie präzise aufeinanderzusetzen. Er erklärte mir mit seinen Gebärden, dass das Fantasiefahrzeug, das er gebaut hatte, ein Flugzeug ist, ließ es durch die Luft kreisen und vor einem Lego-Bus landen, den er mit selbst gestylten Fahrgästen besetzt hatte. Da war ein Polizist mit Pilotenbrille und Dauerwelle. Eine Mutter mit vorgeschnalltem Baby, die einen Motorradhelm trug. Ein Gangster mit Kochmütze. Er deutete mit der Gebärde für Feier an, dass sie zu einer Party fliegen wollen. Wo steigt die Party? Er tippte «London» in seinen Sprachcomputer. Wo sein Cousin wohnt. Kommt der auch? Er sagte: «Ja.» Auch seine Vorstellungskraft hat zuletzt einen Sprung gemacht, und er erzählte mir mit Lauten, Wörtern, Gebärden und seinem Computer eine Geschichte über dieses Fest, an den Esstisch gelehnt, den rechten Fuß schräg auf den linken gestellt, genauso wie ich es auch tue, und machte seine Gebärde für reden. Ja, mein Schatz, wir reden. In einer Sprache, die nur du, ich und dein Vater derzeit ganz verstehen.

Ich könnte der anderen Mutter von einem dieser alltäglichen Momente erzählen, in denen ich die Entwicklung meines Sohnes beobachte und aus denen ich Zuversicht schöpfe. Von den unbeschwerten Tagen. Denn es gibt sie. Viele davon.

Doch dann muss ich auch von den Momenten davor erzählen, bis die Gebärden erlernt waren und der Sprachcomputer angekommen war, von den Besuchen bei seinen Ergotherapeutinnen und Logopädinnen, den Gesprächen mit Ärzten und Sozialarbeiterinnen, mit Lehrerinnen und Erziehern, von den endlosen Anträgen und der Pausenlosigkeit der Bürokratie. Von den schweren Tagen. Denn es gibt sie. Einige davon. An diesen Tagen überwiegt die Furcht, dass meine Zeit nicht reichen wird. Seit dem Tag seiner Geburt, so kommt es mir oft vor, verrinnt die Zeit schneller, als ich Optimismus schöpfen kann, den ich doch brauche, denn unseren Sohn zu ermutigen und Unterstützung für ihn zu finden, ist eine Aufgabe, die meinen Mann und mich täglich begleitet.

Unser Sohn kam mit einer Spalte des harten und weichen Gaumens auf die Welt, zu früh und untergewichtig. Als wahrscheinlich gilt, dass er durch eine Plazentainsuffizienz, deren Ausmaß erst nach der Geburt vollständig erkannt wurde, nicht ausreichend mit Nähr- und Sauerstoff versorgt wurde. Über die Ursachen für Gaumenspalten gibt es Theorien, jedoch keine ausschließliche Erklärung. Sie wurde, als unser Sohn knapp sechs Monate alt war, operativ behoben. Wir mussten ihn zu einem Gewicht hochpäppeln, damit er die bestmöglichen Chancen hatte, diese OP gut zu überstehen. Ich habe die Tabellen von damals noch. In ihnen stehen Zahlen wie 20 Milliliter, 70 Milliliter, 90 Milliliter. Manchmal 200 Milliliter. Das waren die guten Tage. Es sind die Mengenangaben der Milch, die ich mir abpumpte, da er durch die Gaumenspalte nicht von meiner Brust trinken konnte. Die Zahlen wirkten auf mich wie eine Dokumentation meines Unvermögens, auch wenn ich versuchte, mir das zu sagen, was die Ärzt*innen zu mir sagten, mein Mantra, das ich mir vorsang wie meinem Sohn die dänischen Schlaflieder: Nicht deine Schuld, nicht deine Schuld, nicht deine Schuld. Wir halfen mit Milchpulver nach, da meine Hebamme keine Not oder einen Sinn darin sah, mich weiter zu quälen, denn literweise Malzbier, Massagen und schierer Willen reichten nicht, um genug Brustmilch für mein Kind zu produzieren. Ich bin ihr noch heute dankbar dafür, dass sie mir, in dieser Phase am Anfang, als alles roh und neu war und ich bei ihrem ersten Hausbesuch eine Liste mit 27 Fragen vorbereitet hatte – «Warum blinzelt er so selten?» –, diesen Druck nahm.

Nach der erfolgreichen OP holte er an Gewicht auf. Ein properes Kleinkind. Vieles entwickelte sich dennoch später. Er krabbelte spät. Er lief spät, mit einem Zehenspitzenlauf und flatternden Händen, sodass es aussah, als wäre er kurz davor abzuheben. Was nicht kam, war die Sprache. Eine Diagnose für ein spezifisches Syndrom gibt es nicht. Die Suche danach führte über Blutabnahmen, MRTs und viele Spezialisten, die keine körperlichen Gründe feststellten. Neurologisch geht die Ursachenforschung weiter. Festgehalten ist, dass er eine «orofaziale Dyspraxie» hat. Eine «schwere Entwicklungsstörung des Sprechens oder der Sprache». Sie drückt sich dadurch aus, dass er wenige Worte artikuliert, wie «Ja», «Mama», «Bibi», was Papa bedeutet, «Nee», weil er meine norddeutsche Aussprache für «Nein» übernommen hat, und «Yuck» für Essen, das er nicht mag, abgeschaut von seinem englischen Papa. Er benutzt zusätzlich den Sprachcomputer, eine vereinfachte Form der Gebärden-unterstützten Kommunikation, die wir in einem Lehrgang mit seinen Lehrer*innen, Erzieher*innen und der Einzelfallhelferin demnächst vertiefen werden, während wir gleichzeitig auf diversen Wartelisten für eine neue logopädische Praxis stehen, da die Wartezeiten zuletzt noch einmal länger geworden sind. In den Unterlagen, die ihn beschreiben, lese ich «Anomalie des Zahnbogenverhältnisses», «Knickfuß» oder «muskuläre Hypotonie». Da sind die Berichte aus der Ergotherapie und von seiner früheren Logopädin. Die Bögen um Bögen mit Beschreibungen, die ich an Anträge für Hilfeleistungen geheftet habe und die zur Zuordnung zu Paragrafen im Sozialgesetzbuch nötig waren.

Wenn ich meinen Sohn beschreiben sollte, denke ich nicht zuerst an die «kombinierte umschriebene Entwicklungsstörung». Die vielen Fragebögen, die wir zu ihm schon ausgefüllt haben, erfassen nicht, was ihn ausmacht. Mir fällt seine Beobachtungsgabe ein. Sein Schalk. Dass er ein ganzes Glas Cornichons verputzen kann. Ich erinnere mich, dass, als er seinen allerersten Bissen von einem Eis nahm, nicht erschrak, sondern sofort mehr, mehr, mehr wollte, eine Aussicht auf seinen Lebensappetit. Dass er am liebsten zwei unterschiedliche Socken trägt oder dass er, als er anfing zu schreiben, Dänemark als «Odänemark» buchstabierte, weil in unserer Vorfreude auf Reisen dorthin von «Oh, Dänemark!» die Rede war. Mir fällt ein, wie sehr ihn das Netz der Berliner S-Bahn, U-Bahn und Tram begeistert. Seine Freude daran, viele der Endhaltestellen auswendig zu kennen. Ich denke daran, dass eine seiner meistgebrauchten Gesten der erhobene Daumen ist. «Alles gut.» Ich denke daran, dass er, als er noch kleiner war, sich bei Spaziergängen manchmal einfach auf die Erde unter die Bäume legte und dem Rauschen der Blätter lauschte, ganz so, als sei die Weite der Welt so unbegreiflich, dass man sie nur in Andacht aushalten kann. Ich möchte der anderen Mutter schreiben, dass sie ihr Kind immer so sehen wird: als einzigartig.

Meinen Sohn so zu sehen, gibt mir die Zuversicht, die ich brauche, wenn wir an die Orte gehen, an denen er anders gesehen wird. Denn dort begegnen wir nicht nur Pädagog*innen, die sich dafür engagieren, einen zusätzlichen Gebärdenkurs zu machen, damit er auf der Schule, die wir für ihn gefunden haben, einen noch besseren Zugang zu Bildung bekommen kann.

Ich habe gezögert, so detailliert über mein Kind zu schreiben. Mit den gut gemeinten Tipps, die kommen könnten, jetzt, da ich seine Diagnose in Teilen beschrieben habe, komme ich zurecht. *Ihn* einer Bewertung auszusetzen, das setzt mir zu. Nicht, weil ich ihn zu verbergen hätte, sondern weil ich ihn damit in eine Öffentlichkeit schubse, in der er oft genug nicht über sein Sein verstanden wird, sondern durch sein Nicht-Sein definiert wird.

Dort, wo wir um Diagnosen ringen müssen, weil wir unseren Sohn falsch eingeschätzt finden, von Menschen, die darin ausgebildet sind, ihn einschätzen zu können. Wo ich, als seine Fürsprecherin, die richtigen Worte für ihn finden muss, und, obwohl das Finden von Worten mein Beruf ist, oft das Gefühl habe, daran zu scheitern. Wo in der Tram ein Mann, der das aufgeregte Lautieren meines Sohnes bemerkt, der die Öffis so liebt, zu der Frau neben ihm und über einige Köpfe hinweg in unsere Richtung sagt: «Der Kleene kann nicht reden.» Wo die Blicke sind, die ihn nicht einordnen können. Wo ich mir beibringen musste, den Blicken direkt zu begegnen und ihnen standzuhalten, für ihn, der wenig davon mitbekommt, noch. Wo die Fragen sind – die unausgesprochenen, die sich in Gesten ausdrücken, Kinder auf dem Spielplatz von ihm zu trennen, auch in den aufgeklärten Milieus, in denen wir uns meist bewegen, weil er durch sein Körperbewusstsein anderen manchmal näher kommt als sozial akzeptabel angesehen, und die ausgesprochenen: «Was stimmt nicht mit ihm?».

Keine Sorge, er ist nicht ansteckend, möchte ich dann sagen, und tue es doch nicht, denn die Öffentlichkeit ist auch mein Land des Lächelns. Es ist dort nicht so unähnlich wie in der Karikatur ostasiatischer Kulturen, in denen die gesellschaftlichen Normen danach verlangen, die Gefühle zu kontrollieren und Selbstbeherrschung per Freundlichkeit zu demonstrieren. In meinem Land gibt es das beruhigende Lächeln, das anderen Komfort in einer Situation vermitteln soll, die sie überfordert. Es ist das «Ich-nehme-ihnen-die-Angst»-Lächeln. Es gibt auch das «Ich-bin-stark»-Lächeln. Das «Ich-mache-ihm-Mut»-Lächeln. Das «Die-Sozialarbeiterin-lässt-mich-nicht-zu-Wort-kommen,-aber-ich-gedulde-mich-bis-zur-nächsten-Gesprächslücke»-Lächeln. Das «Ich-höre-in-der-Elternkonferenz-alle-Herausforderungen-über-seinen-Schulalltag-und-mache-Lösungsvorschläge»-Lächeln. Das Lächeln, wenn andere Eltern übergriffig mein Kind maßregeln. Das Lächeln, wenn sie mir Erziehungs-Tipps geben. Das Lächeln, um die Distanz zwischen dem Hier an einem Esstisch voller Straßen aus Lego-Steinen und dem Dort in der Öffentlichkeit, das einem Hindernisparcours gleichen kann, zu überbrücken. Das resignierte Lächeln. Das ratlose. Das verzweifelte. Das Lächeln, wenn mir eine andere, entfernt bekannte Mutter bei einer zufälligen Begegnung auf dem Spielplatz ihr Mitleid ausdrückt.

Was ich hinter meinem Lächeln denke, ist: Und mir tut es leid, dass deine Kinder Arschlöcher sind, wenn ich danach gehe, wie die sich hier gerade aufführen.

Solche Gedanken kommen. Eklige, irrationale, unfaire Gedanken. «Ist es nicht schwer für dich, ihn im Vergleich mit anderen zu sehen?» Das wurde ich erst neulich wieder gefragt. Ja, aber nicht, weil er anders ist. Sondern weil sein Anderssein bedeutet, dass er es schwerer hat. Ich wünsche mir jeden Tag, er hätte es leichter. Ich bedauere, wie viel Zeit seines Lebens unser Sohn zum Beispiel bisher in Arztpraxen verbringen musste, bei Blutabnahmen, die ihm Angst machen, oder unter Narkosen, aus denen er erschreckt aufwachte. Aber sein Leben verdient kein Mitleid. *Er* ist nicht bemitleidenswert. *Er* ist ein glücklicher Mensch.

Wie glücklich er ist, das erzähle ich oft.

Weil es stimmt. Seine Grundhaltung ist «Daumen hoch». Sein Lachen zahnlückenfrei. Der Soundtrack der meisten Tage ist ein Gackern über etwas, das ihn amüsiert. Sein Humor neigt zum Slapstick. In seiner Klasse hat er sofort zu den Kindern Kontakt gesucht, die so gerne Quatsch machen wie er. Jedes Mal, wenn wir in die Straße zum Ferienhaus meiner Eltern einbiegen, klatscht er vor Freude in die Hände. Er ist auch großer Fan davon, sich selbst zu applaudieren, wenn ihm etwas gelingt. Wenn ich ihn auf dem Spielplatz suche, muss ich meist nur dem Quietschen folgen – und finde ihn, juchzend, auf der Seilbahn.

Die anderen Kinder stellen auch Fragen über ihn, nur anders. Interessiert, nicht ängstlich. Sie fragen: «Warum kann er nicht reden?» Wenn ich antworte, dass er mit seinen Händen und einem Computer spricht, er sie aber gut verstehen kann, wird das akzeptiert, und das Spiel kann weitergehen. Manchmal fragen sie auch, wann er es lernen wird.

Ich weiß es nicht.

Ich weiß es nicht, ist oft meine Antwort.

Wird er je mit artikulierten Wörtern sprechen?

Ich weiß es nicht.

Wie wird es für ihn werden, wenn er älter wird und die Frustrationen, die er jetzt schon vermehrt darüber hat, sich nicht so verständigen zu können wie andere Kinder in seiner Klasse, größer werden?

Ich weiß es nicht.

In einem Gespräch in einer Einrichtung, in der unser Sohn zukünftig therapeutisch begleitet werden soll, erzähle ich davon, dass ihm inzwischen vermehrt auffällt, dass er nicht so ist wie die anderen. Eine Sozialpädagogin, die ebenfalls per Sprachcomputer kommuniziert und die mit ihm arbeiten wird, tippt in ihr Gerät, dass es doch gut sei, dass er dieses Bewusstsein hat.

Ich denke, ja, aber anders wird nicht oft genug als etwas Gutes wahrgenommen.

Auch ich musste mich an das andere gewöhnen. Ich dachte am Tag der Entbindung, wir bekommen ein «normales» Kind. Was, frage ich mich im Nachhinein, stellte ich mir unter «normal» vor? Ich hatte keine Ahnung davon, wie man irgendein Kind bekommt und ihm eine Mutter ist. Was sich seitdem bewiesen hat, ist, dass ich mich vielleicht nie daran gewöhnen werde, wie viel unkalkulierbares und irrsinniges Glück darin liegt, *seinen* Weg als Mutter mitzugehen. Er lief nicht, als andere Kinder liefen. Er kommuniziert anders. Die Marker seiner Entwicklung sind nicht mit den allgemein bekannten Sprüngen vergleichbar. Seine Meilensteine sind ganz seine eigenen. Ich musste mich darin üben, nicht zu erwarten, dass die Dyspraxie meines Sohnes etwas ist, das er überwinden wird. Oder muss. Er bekommt jede mögliche Hilfe, doch es war mein Missverständnis, dass es eine Behinderung zu bewältigen gilt, als wäre sie separat vom Menschen. Ich musste lernen, ihm zu helfen, aber nicht zu erwarten, dass er «normaler» wird. Ich habe gelernt, *identity-first language* zu verwenden, also von ihm als behinderten Menschen zu sprechen, da das seine Behinderung als Teil seiner Identität würdigt. Ich versuche, meine Ableismen zu erkennen. Achtsam zu sein. Hätte ich erwähnen sollen, dass die Sozialpädagogin ebenfalls einen Sprachcomputer hat? Ich denke: Ja, denn sie ist nicht trotz ihres Computers eine kompetente Beraterin, sondern wegen ihm, aber sicher bin ich mir nicht. Manchmal sage ich noch immer «besondere Bedürfnisse», oder eben *special needs*, obwohl es schlicht menschliche Bedürfnisse sind, weil es für mich in manchen Situationen und vor mir unbekannten Menschen einfacher ist, vage zu sein, als ihn zu erklären.

Er selbst findet sich nicht erklärungsbedürftig. Er kennt sich nur so, wie er ist. Ihn darin zu bestärken, geht einher mit der Furcht, ihn nicht beschützen zu können. Diese Furcht, dass er nicht so akzeptiert wird, wie er sich selbst akzeptiert, ist, denke ich, ein anderer Grund, warum ich sein Glücklichsein betone. Denn fällt es uns nicht leichter, glückliche und gesunde Menschen zu akzeptieren?

Aber ich frage mich, ob ich mit meinem Lächeln, das auch dazu dient, anderen zu zeigen, dass es ihm gut geht, mit diesem Schutzmechanismus, nicht einen Ableismus bediene, der uns beispielsweise davon erzählt, wie schön es ist, wenn behinderte Menschen *trotzdem* fröhlich sind. Und, auch das, anderen zeige, dass man als Mutter eines behinderten Kindes glücklich sein kann. Glücklich ist.

Ich erinnere mich an eine Talkshow, in die ich zufällig reinschaltete, in der ein Gast von seiner autistischen Tochter erzählte und davon, dass er mehr Aufmerksamkeit dafür schaffen möchte, dass die Diagnose Autismus besonders bei Mädchen seltener getroffen wird, da sie gut darin sind zu maskieren, sich also neurotypischem Verhalten anzupassen. Zu dem Gespräch wurde eines seiner Instagram-Videos gezeigt, das das morgendliche Durcheinander zu Hause zeigte, rechtzeitig loszukommen. Nach dem Clip sagte jemand aus der Talkrunde: Toll, mit wie viel Humor er die Situation nehmen würde.

Ich kenne den Mann nicht, weiß also nicht, was er in dem Moment dachte oder was seine Vaterschaft für ihn ausmacht. Ich kenne aber die Bewunderung.

«Besondere Kinder suchen sich besondere Eltern» ist so ein Satz, der gerne mal kommt.

Ich verstehe, was gemeint ist, danke, aber nein, ich bin so wenig besonders wie mein Kind, wenn das bedeuten soll, dass es mich besonders macht, für ihn zu sorgen. Dafür brauche ich kein Lob. Auch nicht dafür, dass ich Anträgen hinterhertelefoniere oder mit Worten für ihn einstehe. Es macht mich höchstens zu einer Mutter, die die nötigen Sprachkenntnisse hat, das zu tun. Besonders? Besonders lässt mich allein. Besonders bedeutet, dass ich nie müde sein darf, nicht die Geduld verlieren sollte, dankbar sein muss, wenn das Kind den Schulplatz bekommt, seine Therapie genehmigt wird, die Krankenkasse die Orthesen für seine Schuhe bezahlt. Ich habe zusätzlich zu seiner Geburtsurkunde nicht einen besonderen Satz Werkzeuge bekommen, die mich besser ausstatten als andere und mit denen ich leichter die Schrauben unseres Lebens justieren kann. Besonders ist ein einsames Wort. Es lässt meinen Mann und mich in der Verantwortung, die bei der Gesellschaft liegt, behinderte Menschen nicht zu benachteiligen. Ihnen Teilhabe zu ermöglichen, an Bildung, an Leistungen, an Aktivitäten, ohne dass das als besonderes Goodie verstanden wird, sondern als selbstverständlich. An den Tagen, wenn «Ich weiß es nicht» überhandnimmt, wenn ich mich nicht erinnern kann, dass aus den Momenten, in denen ich losließ, auch Momente entstanden, in denen unser Sohn sich selbstständig zurechtfand, und ich zweifle, wie ich ihn in seiner positiven Unumstößlichkeit bestärken soll, wenn ich abends an seinem Bett sitze, nachdem er eingeschlafen ist, um für ein paar Minuten seine Hand zu halten, an diesen Tagen wünschte ich mir, es wäre anders. Nicht *er*. Die Welt.

Das Alleinsein ist der Grund, warum ich vor lauter Lächeln nicht mehr kann, wenn ich mit einem Stapel Papiere vor einer Sozialarbeiterin sitze und sie mir immer wieder ins Wort fällt, bis sie mich endlich erklären lässt, dass ich nicht wusste, dass für die Beantragung einer Hilfeleistung in der Schule ein anderes Formular nötig ist als für die Gelder, die für die Kita beantragt waren, und sie sagt: «Na, das hätte ich Ihnen schon letztes Jahr sagen können.» Die Freundlichkeit ist weg, ich werde laut. «Ja, verdammt noch mal, warum haben Sie es mir dann nicht gesagt?»

Ich bin mit einmal elendig müde davon, Antworten auf Fragen haben zu müssen, von denen ich nicht mal wusste, dass ich sie stellen sollte.

Unser Sohn, der bei dem Termin dabei ist, macht die Gebärde für weinen, und ich schäme mich für meine Tränen, weil ich nicht will, dass er denkt, dass *er* mir schwerfällt. Aber ich bereue es auch nicht, wütend zu sein, um etwas für ihn einzufordern, weil *es* mir schwerfällt, das Kämpfen, und ich mein Gegenüber das, dieses eine Mal, wissen ließ.

Du wirst, möchte ich der anderen Mutter nach solchen Tagen schreiben, deine Furcht für dein Kind überwinden. Wieder und wieder. Und du wirst auch Menschen treffen, die für ihn einstehen werden. Ihre Blicke werden die sein, die deinem Blick nicht ausweichen, sondern ihn festhalten, und damit auch dich.

Um unseren Sohn hat sich ein ganzes Dorf versammelt, das für ihn sorgt und für uns, wie die Beraterin im schulpsychologischen und inklusionspädagogischen Beratungs- und Unterstützungszentrum, in dem glücklicherweise nur der Name eine Herausforderung ist und nicht die Begegnung, die mir einmal eine einfache Frage stellte: «Was frustriert Sie? Und es ist okay, wenn Sie frustriert sind. Alle Eltern sind das.»

Mir fiel es lange schwer, Hilfe anzunehmen. Auch, weil ich mir einredete, nicht besonders genug zu sein. Das ist die Kehrseite der Überhöhung: Man kommt auf die Idee, dass man nur eine gute Mutter ist, wenn man alles allein und bis zur Selbstaufgabe schafft.

Die Einsamkeit der Erwartungen – wissen nicht *alle* Mütter, was gemeint ist? Geht es doch schon in der Schwangerschaft los. Man fühlt sich allein, weil man «zu viel» zugenommen hat. Allein, weil man dann eine Bauchgeburt hatte. Noch ein Begriff, den ich nach meinem Kaiserschnitt gelernt habe. Mein Impuls ist, zu erklären, warum ich ihn hatte, aber ich habe keine allzu große Lust, von irgendjemandem beurteilen zu lassen, ob meine Gründe *genug* waren. Allein, weil man eine PDA gegenüber keiner PDA bevorzugt hat. Allein, weil man nicht gestillt hat. Oder zu kurz. Oder aber zu lang. Allein, weil man nicht jeden einzelnen Moment mit dem Kleinkind als unheimliche Bereicherung empfindet, sondern sich langweilt, wenn die Brio-Bahn zum 386. Mal am Bahnhof hält und man mit «Tchoo-tchoo» die Ampel umstellt. Allein, weil man die Geduld verliert, genervt ist, ratlos und schlecht gelaunt. Allein, da man nicht die Meinung teilt, dass man an dem Tag geboren wurde, an dem das Kind geboren wurde. Ich war auch schon vorher wer. Und obwohl Mutterschaft mein Leben färbt, ist es dadurch nicht schwarz-weiß, nicht «besser» oder «schlechter» als vorher. Allein in all den Dingen, die sich zu einem Druck aufbauen, Mutterschaft auf eine ganz bestimmte Art zu fühlen und auszuführen.

Warum lassen wir einander so allein?

Was ist das für ein Bedürfnis, die, die es anders machen und empfinden, wissen zu lassen, dass anders falsch ist? Ist es darin begründet, dass Elternschaft nicht für Ambivalenzen taugt? Dass die Aufgabe, ein Kind zu begleiten, zu versorgen und zu erziehen, so gewaltig erscheint, dass man alles richtig machen will? Weil es einfacher wäre, wenn alle gleich sind?

Warum handeln die Geschichten, die wir einander als Mütter erzählen, nicht viel häufiger davon, wie man seiner Furcht begegnet, statt einander Angst zu machen?

Wäre es nicht leichter, einander zu unterstützen?

Meine Therapeutin, die ich zu meiner eigenen Hilfe geholt habe, fragte mich in einer unserer Sitzungen: «Was wünschen Sie sich für Ihr Kind?» Vertrauen in sich selbst. Teil einer Gemeinschaft zu sein. Liebe.

Das ist nicht viel verlangt. Und doch gelingt es mir nicht immer, an seine Möglichkeiten zu glauben, wenn ich sehe, was da draußen Wert hat. Wird aus den letzten Jahren bleiben, wie wichtig Pflegearbeit ist oder wie viele «Pflegefälle» das Land aushält? Eine Wertegesellschaft oder eine Bewertungsgesellschaft? Wird die soziale Kompetenz an Bedeutung gewinnen oder verlieren? Die Empathie füreinander größer oder kleiner werden? Kann es so sein, wie das Motto der Schule meines Sohnes lautet, ein Credo der namengebenden Autistin Temple Grandin: *The world needs all kinds of minds*, die

Welt braucht alle Arten von Köpfen? In der Leistungsgesellschaft gilt es, sich durchzusetzen. Sich Vorteile zu verschaffen. Jede*r will, dass sein Kind die besten Chancen hat. Ich wünsche mir für mein Kind einfach: Chancen.

Ich habe, als ich über dieses Kapitel nachgedacht habe, auch darüber nachgedacht, wie viel Schwere ich ihm zumuten will. Ich bin nicht ständig glücklich. Unser Kind ist nicht ständig glücklich. Welcher Mensch ist das schon? Wenn ich jedoch schreibe, wie es ist, wenn wir seine Emotionen nicht deuten können, weil er sie nicht ausdrücken kann, oder wir seine Finger am Stift leiten, der in immer schwächeren Buchstaben über die Seite zittert, er früher ständig abgehauen ist und ihn Besuche im Kaufhaus vor lauter Sinneseindrücken so überfordern, dass er komplett aufhört, auf uns zu hören oder achten, dann bleibt die Schwere. Schwere klingt nach Last. Wenn ich Last höre, denke ich daran, wie viele Partnerschaften auseinandergehen, weil die Belastung so hoch ist. Wenn ich Last höre, denke ich an all die Orte da draußen, die für behinderte Menschen nicht barrierefrei sind. An die Kinder, die nicht zu Geburtstagen eingeladen werden, weil sie «schwierig» sind. An Eltern, die nicht eingeladen werden, weil sie meist sowieso absagen müssen. Daran, dass Menschen mit Behinderung 100 Tage länger arbeitslos sind als nicht behinderte Menschen. Ich denke an den Satz, der einem gerne in der Schwangerschaft mitgegeben wird: «Ob Junge oder Mädchen, ist doch egal, Hauptsache gesund.» Mein Kind ist es nicht. Hauptsache *er*, denke ich mir, alles andere sollte egal sein.

Wenn ich Last höre, denke ich daran, wie oft ich auf der Suche nach einer geeigneten Schule für unseren Sohn hörte, dass Inklusion zwar ein wichtiges Anliegen sei, aber so oft an Personalmangel scheitert. Heute kam die Nachricht bei mir an, dass in Berlin die Lehrkräftestunden für die sonderpädagogische Förderung für Schüler*innen mit sehr hohem Förderbedarf – das umfasst starke

Beeinträchtigungen im Sehen, Hören, in der geistigen oder körperlich-motorischen Entwicklung, sowie Autismus – von acht auf drei Wochenstunden reduziert werden sollen. Wenn ich Last höre, dann denke ich: Unser Sohn ist keine Last für uns. Doch ganz gleich, was mir als Mutter schwer- oder leichtfällt: Das bestimmt nicht den Wert seines Lebens.

Einer seiner Lehrer hat vor Kurzem, als es um die Vorbereitungen zur Klassenfahrt ging und die Frage einer Mutter danach aufkam, wie die Aufteilung der Zimmer wäre, ihr Kind habe vor dem Einschlafen oft Angst vor Monstern, gesagt: «Wir werden alle Monster vertreiben.»

Eines Tages wird unser Kind, mein geliebter Sohn, ohne mich sein. Ohne seinen Papa. Wenn wir nicht mehr die Vermittler zwischen ihm und der Welt sind, wie wird es ihm dann ergehen? Wir werden versuchen, ihn vorher darin zu bestärken, es selbst rauszufinden. Beschützen und freigeben – treibt das nicht alle Eltern um?

Du wirst, möchte ich der Mutter heute antworten, deine Furcht niemals ganz überwinden, aber wenn du sie sichtbar machst, wird sie kleiner, wie ein Monster, das im Licht verschwindet. Das sollte nicht allein deine Aufgabe sein. Auch meine nicht. Es braucht uns alle.

BLEIBST DU NOCH?

Über die Lust, als Paar weiterzumachen, und wie
wichtig das Alleinsein dafür ist

«Ich dachte, es würde reichen, wenn ich dich liebe.»
Dem Mann, mit dem ich meine Furcht teile, gelingt es auch nach
15 gemeinsamen Jahren, mich zu überraschen.

Auch ich dachte lange, Liebe wäre genug. Mehr als genug. Nahm
es an, weil sie mich am Anfang so ausfüllte, dass ich gar nicht auf die
Idee kam, sie würde nicht endlos anhalten, allen vorherigen Beziehungen und jeglichen Scheidungsstatistiken zum Trotz. Uns betraf
das nicht. Mit ihm war es anders. Außerdem: Waren meine Großeltern nicht seit über sechs Jahrzehnten verheiratet? Meine Eltern
seit mehr als vierzig Jahren? Ausnahmen, vielleicht, aber eben auch:
Beweise. Hunderte Filmplots und Songzeilen liefern ebenfalls nur
eine Möglichkeit: Zwei begehren einander, verlieben sich, heiraten
womöglich, das Ende.

Dann, das weiß ich inzwischen, wird's aber erst interessant. Und
kompliziert wird es nicht, obwohl man sich liebt, sondern weil man
sich liebt. Die Liebe lässt einen bequem werden und einander einiges durchgehen, sie bringt einen zum Schweigen, wenn man reden
sollte, und führt zu Kompromissen, die eher ein Nachgeben als eine
Einigung sind.

Bevor das Missverständnis entsteht, dass Liebe sich in Komplikationen ausdrückt: So ist es auch nicht. Wenn ich schon am Anfang einer Beziehung dachte: Das hier könnte eine echte Herausforderung werden, wurde es am Ende nie gut. Ich blieb mit keinem der
Männer zusammen, bei denen ich annahm, dass die Macht meiner

Vorstellung sie ändern könnte oder die Kraft meiner Liebe für beide ausreichen würde. Ebenso wenig heiratete ich den, der, soweit ich das heute nachvollziehen kann, sich trennte, weil ich meine Haare abschneiden ließ. Oder den, der vor Begehren lichterloh entbrannte, bis es drei Monate später jäh erlosch. Eine Vorgehensweise, die er mit bemerkenswerter Regelmäßigkeit auch bei anderen Frauen wiederholte, wie ich später erfuhr.

Im Nachhinein lässt sich leicht behaupten, dass etwas Vorsehung war, aber ich dachte niemals ernsthaft über Heirat nach, bis ich mit meinem Mann zusammenkam. 13 Jahre nach dem ersten Kuss fragte er mich. Ich hätte auch ihn gefragt, aber er kam mir halt zuvor. Warum nach so vielen gemeinsamen Jahren überhaupt heiraten?

Ich habe verschiedene Auffassungen dazu gehört. «Ihr habt einfach lange genug gewartet, bis alle anderen schon zum ersten Mal geschieden sind. Smart!» Eine weitere: «Steuergründe?» Noch eine: «Wenn man heiratet, kann keiner mehr so leicht abhauen.» Mein Papa stellte in seiner Rede auf unserer Hochzeitsfeier die Vermutung auf, dass wir einander vielleicht so sehen, wie er seine Frau, meine Mama, noch immer sieht: Wie an dem Tag vor all den Jahren, als er sie an einem kleinen Hafen an der dänischen Küste sah und seitdem nicht aus den Augen verloren hat. Mein Papa ist ein kluger Mensch.

Ein anderer kluger Mensch, die Komikerin Ruby Wax, hat einmal gesagt, dass ihr Ehemann der erste Mann war, den sie jemals liebte, ohne dass es sie krank machte. Verzweiflung, die man in sich spürt wie einen Sog, der alles ins Dunkle zieht, weil man verunsichert ist, nicht weiß, woran man ist oder ignoriert wird, ist, ganz egal, was hundert andere Songzeilen und Filmplots erzählen, kein Gefühl für immer.

Mit dem Antrag hat mein Mann mich überrascht. Wir hatten über Heirat geredet, bloß nie mit großer Dringlichkeit. Unser Hochzeitstag war nicht der wichtigste Tag in meinem oder, behaupte ich, seinem Leben. Es war *ein* wichtiger Tag, den wir mit einigen Menschen, die wir lieben, feiern konnten. Nicht mit allen Menschen, denn kurz zuvor war der Vater meines Mannes nach kurzer Krankheit gestorben. Der Tag ehrte auch seinen Wunsch, dass wir trotzdem heiraten. Wenn ich den Ring an meinem Finger drehe, denke ich daran, wie nah Glück und Unglück aneinander vorbeischrammen können und man weiter an das «trotzdem» glauben kann. In dem Ring schließt sich der Kreis unserer gemeinsamen Geschichte, der vergangenen und der zukünftigen.

Er und ich waren viele Jahre befreundet, bevor wir ein Paar wurden. Kann man daraus Schlüsse ziehen? Ebenso wenig wie über Paare, die sich auf einer Dating App getroffen haben, sich im Büro kennenlernen oder von Freund*innen verkuppelt wurden. Es bedeutet lediglich, dass wir einander vertraut waren, als wir eines Abends nach zwei Flaschen Portwein und kurz bevor er für ein Jahr nach Neuseeland ging, die Nacht miteinander verbrachten. Entweder würde unsere Freundschaft das aushalten, und wenn nicht, dann war er zumindest erst mal sehr weit weg. Nach seiner Rückkehr blieb er hartnäckig (ich hatte vor ihm einige unglückliche Beziehungsversuche hinter mir und war zu der Ansicht gelangt, dass ich für das Modell Partnerschaft möglicherweise nicht tauge) – und hier sind wir nun, mit Heiratsurkunde, Kind und geteiltem Darlehen.

Warum ich das alles erzähle? Weil ich keinen Algorithmus anbieten kann und ich Formeln wie die, nach der man genau 37 Prozent aller über das gesamte Leben gerechnet möglichen Partner*innen abwarten muss, bevor man bei der oder dem Richtigen landet, nicht vollkommen traue. Denn man weiß doch immer erst im Nachhinein, wer das ist, und ich wäre demzufolge mit dem Mann zusammen, der sich wegen eines Haarschnitts von mir trennte. «Hör auf zu suchen, und du findest ihn» ist ein Ratschlag, der auch nur von denen gegeben wird, bei denen es zufällig so war.

Ich glaube, wenn überhaupt, mehr an den Zufall als an die Vorhersehung. Bei unserem Zusammenkommen dachte ich jedenfalls nicht: «Natürlich! Er ist Aszendent Steinbock, ich Aszendent Zwilling! Es ist Schicksal!» Das habe ich mir gerade ausgedacht, denn ich vergesse immer wieder sein Sternzeichen und habe keinen Schimmer, was Aszendenten sind. Ich könnte das nachschauen, aber warum? Nach 15 gemeinsamen Jahren wird es keinen Unterschied machen. Uns vereint ebenso wenig, dass wir die gleichen Haustiere mögen (er liebt Katzen, ich ertrage sie widerwillig und sie mich auch). Wir eine geteilte Vorstellung von Traumurlauben haben (sein Traum: Zelten; mein Traum: alles, außer Zelten). Oder unsere Liste der Lieblingsfilme übereinstimmt. Er hat seinen Tanzbereich und ich meinen (eine Filmreferenz, die ich ihm erklären müsste, weil er keine Ahnung hat, dass *Dirty Dancing* ein Meisterwerk der Kinogeschichte ist).

Eine Liste der Dinge, die uns vereinen:

Die Übereinkunft, dass mindestens einer von uns aufpasst, was gerade bei Netflix passiert, und beim Fernsehen nicht beide auf dem Smartphone scrollen

Eine geteilte Nostalgie für Britpop

Keine Einmischung in die Zuständigkeit des anderen als Elternteil, wenn man selbst nicht da ist, oder auch nur im anderen Zimmer, oder auch einfach nur: nicht dran

Übereinstimmung in Erziehungsfragen

Anerkennung von Autoritätsbereichen beim Aufbau von IKEA-Möbeln

Die Fähigkeit, einander absolut albern zu finden

Die Fähigkeit, dem anderen Albernheiten nachzusehen

Lachen. Niemand bringt mich so zum Lachen wie er. Vor allem über mich selbst. Aber auch über ihn. Und über uns

Sich gegenseitig ernst nehmen

Die Verehrung für ein über vier Strafraumpässe reingezwirbeltes Siegtor in der 87. Minute

Strikte Aufgabenteilung im Haushalt. Ich: Wäsche. Er: Bügeln. Und keiner von uns will je den Müll runterbringen

Zeit zusammen

Zeit getrennt

Das Unvermögen, einander peinlich zu finden

Er trägt eine Hemdgröße, die auch mir passt

Ich kann morgens zwanzig Minuten länger liegen bleiben, weil er mir jeden Tag Kaffee ans Bett bringt

Wenn ich in einem Raum voller Menschen seinen Blick finde, weiß ich genau, was er gerade denkt

Es gibt Dinge, die ich an ihm nie ganz begreifen werde. Etwa, warum er annimmt, ich wäre emotional ähnlich in die Saison des Kent

County Cricket Club investiert wie er. Eine andere Erklärung kann es nicht geben, warum er mir, Sommer für Sommer, vom Schicksal seiner Mannschaft berichtet. Faszinierend. Nicht Cricket, sondern er. Finde ich. Täte ich das nicht, könnten wir ebenso gut befreundet sein. Freundschaft ist auch schön, reicht in Beziehungen aber selten, wenn zumindest einer der Involvierten mehr als kumpelhafte Gefühle für den anderen hat. Es gibt Dinge, die er wiederum an mir unbegreiflich findet. Warum ich beispielsweise nur schlafen kann, wenn ich die Bettdecke bis zum Kinn gezogen habe, meine Füße aber frei liegen, mag für ihn auf ewig ein Mysterium bleiben – oder wenigstens ein Grund, mich amüsant zu finden. Ich hoffe, wir werden uns niemals komplett verstehen. Oder für selbstverständlich nehmen. Wer weiß, was passieren würde, wenn er mir morgens nicht mehr den Kaffee ans Bett brächte. Würde ich das für ein Anzeichen halten, dass bei uns die Spannung raus ist? Würde mein Mann damit vielmehr beabsichtigen, wieder mehr Aufregung in unsere Ehe zu bringen, da ich vor der ersten Tasse am Morgen außergewöhnlich reizbar bin? Werden wir es je herausfinden?

Das sind die dramatischen Fragen einer Langzeitbeziehung mit ihrem komplexen Zusammenspiel von Absicht und Auslegung. Sollte man zweifeln, ob es genug Nervenkitzel für das weitere Zusammensein ist, dass man sich seiner Sache nie ganz sicher sein kann: ein Test. Das Einzige, was man zur Durchführung braucht, ist ein Moment der Aufmerksamkeit für andere Paare. Nicht die, die in ihrer scheinbaren Perfektion vorbildlich wirken. Die anderen. Muss man nicht lange suchen, sondern sich beispielsweise bei der nächsten Flugreise in der Schlange für den Security-Check hinter der Familie mit Kleinkindern anstellen oder einen Spieleabend für Paare organisieren oder Verliebten lauschen, die gemeinsam ein Formular bei der Kfz-Zulassungsstelle ausfüllen – und einfach abwarten, was passiert. Selten ist man von der eigenen Partnerschaft ergriffener als in Gesellschaft von Paaren, bei denen die Anspannung sichtbar ist.[15]

Mich beeindruckt an uns zum Beispiel, dass wir es überhaupt bis hierhin geschafft haben. Es sah nicht immer danach aus. In den 15 Jahren verbirgt sich ein halbes Jahr, in dem wir getrennt waren. Es war nichts Dramatisches geschehen, nur Irritationen, die auf Dauer wie das Piepsen eines Rauchmelders wirkten, bei dem die Batterie leer ist: Es nervt, bis es ganz plötzlich akut wird. Ich verschwieg, wie sehr es mich anstrengte, in einer Zeit, in der wir beide arbeitslos geworden waren und ich schneller wieder Aufträge bekam, den Großteil der finanziellen Verantwortung zu tragen. Er verschwieg, dass es ihn bedrückte, nicht genug beitragen zu können. Ich sprach nicht an, dass ich mich davor fürchtete, dass er mich verlassen könnte, wenn ich nicht mehr funktionieren würde. Machte mich nicht das als gute Partnerin aus? Belastbarkeit. Ausdauer. Verantwortungsbewusstsein. Ich verlor den Mut. Die Geduld. Mit ihm. Mit mir. Eines Tages ging ich, ohne es ihm erklären zu können. Mir fehlten die Worte. Ich weiß nicht, ob es ein Fehler war, denn diese Trennung führte zu einem Bewusstsein dafür und einer Vergewisserung dessen, was wir in einer Beziehung brauchen, aber die Sprachlosigkeit mussten wir einander verzeihen, als wir schließlich wieder zueinanderfanden, denn wir liebten einander noch.

Wie ich sagte: Es ist kompliziert.

Was ist seitdem anders, will ich von meinem Mann wissen. «Wir fingen an zu reden», sagt er. «Auch, wenn es anstrengend ist und wir

---

15 Das haben Sie noch nie gedacht? Dann lade ich Sie hiermit herzlich zu einer Autofahrt mit uns ein, bei der das Navigationsgerät ausgefallen ist – und Sie werden schnell auf den Gedanken kommen, dass *Sie* besser sind als wir.

keine Lust haben.» Warum, will ich dann auch noch wissen, kamen wir wieder zusammen? «Du liebst meinen Sinn für Humor. Und du hattest es vermisst, über Cricket zu reden.»

Er kann nicht raten, was ich denke. In wie vielen Ratgebern steht das? Tausenden wahrscheinlich. Es trifft zu. Steht in denen auch etwas zum Timing? Ich meine nicht Ratschläge der Art, dass es der schlechteste Zeitpunkt ist, kurz vor dem Einschlafen ein wichtiges Thema anzusprechen, was ich nämlich bezweifele, da ich es für goldrichtig halte, kurz bevor er um 23 Uhr eindöst zu klären, dass er am nächsten Morgen zum Recyclinghof fährt. Ich meine auch nicht das Timing, wann das Leben zwei Menschen zusammenführt, was eben ganz oft einfach ein riesengroßer Zufall ist. Hätte ich ein besseres Abitur gemacht und hätte mein Mann sein Ingenieurstudium angetreten, statt in letzter Sekunde einen U-Turn zu Modedesign zu machen, wären wir nicht an der gleichen Universität gelandet und hätten einander folglich nie getroffen. Ich meine das Timing zwischen dem Gedachten und dem Gesagten. Wenn ich die letzten fünfzehn Jahre runterbrechen müsste, wäre ein wichtiger Wert: fünf Sekunden. Die fünf Sekunden, in denen man sich fragt: «Was will ich sagen?», bevor man etwas ausspricht.

Wahlloses Beispiel (das den Durchschnittserfahrungen fast aller meiner Freundinnen entspricht): Mann und Sohn kommen nach Hause und setzen sich aufs Sofa, um eine halbe Stunde bei *Paw Patrol* zu entspannen, beziehungsweise auf dem Handy das letzte Inning des Kent-Cricket-Spiels zu verfolgen. Ich springe vom Schreibtisch auf, und statt mir einen Tee zu machen, um nach meinem Arbeitstag ebenfalls zu entspannen, fange ich an, die Küche aufzuräumen, und dabei in immer geringer werdenden Abständen meinem Mann Blicke zuzuwerfen. Nach einer Weile frage ich ihn: «Trinkst du deinen Tee noch aus?» Er sagt: «Ja.» Konkrete Antwort auf eine konkrete Frage.

Was ich nicht sage: Die Tatsache, dass du dir gerechtfertigte Pausen nimmst, während ich ständig meine, pausenlos Dinge erledigen zu müssen, weil sonst alles zusammenbricht, löst in mir einen Groll aus, den ich durch passiv-aggressives Schnaufen ausdrücke, falls sich irgendjemand fragt, warum ich beim Spülen nicht meditiere, sondern so schwer atme. Ich denke fünf Sekunden nach, was ich brauche, und da mir das Überwinden meiner Angst vor dem Nicht-Funktionieren als ein zu großes Unterfangen für einen Abend erscheint, nehme ich die nächstbeste Möglichkeit und sage: «Trocknest du bitte ab» – was er tut.

Nicht jedes Thema ist eine Diskussion wert. Nicht jede Frage ein Abklären von Zuständigkeiten. «Was war heute gut?», «Wovon wünschst du dir mehr?», «Was brauchst du?» sind Fragen, die nicht langweilig werden. Als ich vor ein paar Jahren aufgeschrieben habe, welche Vorstellung von der Liebe ich als jüngere Frau hatte und was sich daran bewahrheiten würde, stand in dem Text, dass es mich vielleicht überraschen würde, dass sich das Gefühl nicht nur in den großen Gesten ausdrücken würde, sondern in den vielen kleinen, scheinbar banalen Momenten, die man miteinander verbringt. Wenn wir zusammen auf dem Sofa sitzen und darüber sprechen, was wir morgen essen, welches Buch ich gerade angefangen habe, wie er gerne das Wohnzimmer streichen würde, was unser Sohn in der Schule gemalt hat. Die 20 Minuten hier, ein paar Minuten da, ein kurzes Dankeschön, eine ernst gemeinte Entschuldigung. Über die Jahre kann die Höflichkeit verloren gehen und die, die einem am nächsten sind, kriegen die eigene schlechte Laune meist als Erste ab. Wenn wir streiten, geht gelegentlich der gute Umgangston verloren. Ein Fiepen des Rauchmelders, das uns sagt: Das war nicht angebracht, verzeih.

All das ist der Stoff für das, was die Paartherapeutin Esther Perel einmal so beschrieben hat: «Lieben ist ein Verb. Eine aktive

Beschäftigung mit einer Vielzahl von Gefühlen – positiven, primitiven, widerlichen. Und es ist oft überraschend, wie Liebe zurückgeht und wiederkehrt. Wir denken, sie ist verschwunden, und dann taucht sie plötzlich wieder auf. Sie ist kein permanenter Zustand der Begeisterung. [...] Ich glaube, dass man die heutige Definition von Liebe – ‹Du bist mein Ein und Alles› –, diese totale Überhöhung, vor allem in Eheversprechen sieht. Da heißt es dann: ‹Ich werde jede deiner Tränen von deinem Gesicht trocknen, bevor dir auch nur auffällt, dass du weinst.› Ich glaube, ein realistisches Gelöbnis ist: ‹Ich werde es regelmäßig verbocken, und gelegentlich werde ich das zugeben.›»

Wo sind eigentlich die Lieder und Filme darüber? Die Hymnen über Güte? Die Blockbuster über respektvolle Umgangsformen? Die großen Balladen über die kleinen Dispute, die man täglich miteinander austrägt und trotz deren man zusammenhält? Wo sind die Songs, wie sexy es ist, wenn man von einer Dienstreise zurückkommt und der andere in der Zwischenzeit den Rostfleck an der Waschmaschine beseitigt hat? Die Romanzen, in denen man sich zum Geburtstag gegenseitig eine professionelle Fensterreinigung schenkt? *Ich* würde sie mitsingen. Nachdem Adele auf *30* bereits ihre Scheidung vertont hat, kann sie sich das vielleicht vornehmen, wenn sie *40* aufnimmt.

Zusammenbleiben wird nicht leichter, mit all dem Gepäck, das jede*r mit jedem Jahr mehr mit sich trägt. In der letzten Zeit habe ich von mehreren Freundinnen gehört, dass die Partner ausgezogen sind, für eine Weile, und von anderen, dass sie sich trennen. Oft sind es die Paare, bei denen ich dachte: Aber denen passiert das doch nicht! «Ich dachte, ich entkomme der Beziehungskrise, indem wir in unseren Dreißigern ans andere Ende der Welt ziehen», erzählte mir eine, deren Ehemann gerade in eine Wohnung um die Ecke gezogen ist. Pause oder Trennung? Sie wissen es nicht. «Aber dann kamen wir zurück in die Heimat, und mit allem, was uns hier erwartete – das zweite Kind, die Hausrenovierung, seine Karriere, meine Ambitionen –, wurde es schwerer. Es war einfach zu viel. Irgendetwas musste sich ändern.» Ich wollte ihr zuerst etwas Schlaues sagen wie: «Bestimmt führt euch dieser erste Schritt am Ende wieder zusammen», aber wer weiß? Ich sagte ihr, worin ich mir sicher war: Ich bewunderte sie dafür, über ihren Plan B nachzudenken.

«Ich dachte, es würde reichen, wenn ich dich liebe» – diesen Satz sagte mein Mann zu mir in einer Zeit, als es wieder nicht leicht war. Ich spürte beruflich immensen Druck, und ihm fehlte die Kraft, das auszugleichen, wir steckten nach einigen Jahren Pandemie ständig zusammen und lebten doch nebeneinanderher. Der Unterschied zu früher war, dass wir darüber redeten.

Auf seine Erkenntnis kam mein Mann dennoch nicht durch eines unserer intensiven und fruchtbaren Gespräche. Er hatte einen Artikel über die Geheimnisse langjähriger Beziehungen gelesen. Darin stand auch der Satz: «Über die Dauer eines Lebens wird man mehrere Male verheiratet sein – und wenn man Glück hat, mit der gleichen Person.»

Einander Entwicklung zuzugestehen – auch das gehört dazu. Manchmal entwickelt man sich dann nicht in die gleiche Richtung oder im selben Tempo. Manchmal will man woandershin als der oder die Partner*in. Manchmal kommt die Zeit zu gehen. Und manchmal ist von vornherein alles ganz anders. K. erzählte mir neulich von einem schwulen Bekannten, der mit einer lesbischen Frau ein Kind bekommt. Ihre Elternschaft ist bis ins letzte Detail vertraglich geregelt. Smart, denke ich mir. Dieses Kind hat die besten Voraussetzungen mit Eltern, die sich in ihrem Kinderwunsch so sicher sind, dass sie all das auf sich genommen haben, ihn zu erfüllen. Auch das ist Liebe. In jedem Fall ist sie nur der Anfang.

ZUSAMMENSEIN

Es ist Sonntag. Der Esstisch ist abgeräumt. Die Einkaufsliste für die nächsten drei Tage gesunder und vollwertiger Mahlzeiten geschrieben. Der Schulranzen ist gepackt. Unser Sohn ist einsichtig auf den Vorschlag eingegangen, heute Nacht in seinem eigenen Bett zu schlafen. Mein Mann liest ihm eine Geschichte vor, während ich mir nach einer entspannenden Yogaeinheit einen Wein darauf einschenke, was für ein ergreifendes Paar wir sind. Ich bin bestens vorbereitet auf den Akt, der sich nun vollziehen wird.

Es ist ein Zwei-Personen-Stück mit dem Titel *Wessen Zeit ist kostbarer?*.

Ich eröffne mit: «Mittwoch habe ich Abgabe.» Er pariert: «Wenn ich bis Mittwoch die Schultour hin und zurück mache, müsstest du ab Donnerstag übernehmen, damit ich für Freitag die Präsentation vorbereiten kann.» Mir fällt ein: «Verdammt, Mittwochmittag habe ich die Vorstellung bei der neuen Logopädin für ihn. Vielleicht kann ich meine Deadline um einen Tag verschieben, dann könnte ich ihn Mittwoch zur Schule bringen und mittags abholen. Kannst du dafür den Donnerstag machen?» Er darauf: «Und wann soll ich meine Präsentation vorbereiten?» Ich: «Donnerstagabend?» Er: «Da wollte ich ausgehen.» Ich: «Kannst du das nicht verschieben? Ich verleg einen Kinoabend auch schon seit Wochen.» Er: «Wir brauchen unbedingt einen neuen Babysitter.» Ich: «Kümmerst du dich darum?» Er: «Es ist jedenfalls keine Lösung, dass wir abwechselnd abends arbeiten.» Ich: «Seh ich genauso. Aber diese Woche geht's halt nicht anders.»

Dann ruft am nächsten Vormittag die Schule an: Kind gestürzt, Mann auf einem Termin, ich rase los, mein quietschfideler Sohn und ich sitzen zwei Stunden im Wartezimmer für ein Heftpflaster – und das Drama um die Zeit beginnt von vorn. Woche für Woche. Monat für Monat. Jahr für Jahr.

Fast alle Familien, die ich kenne, führen dieses Stück auf.[16] In Abwandlungen, je nachdem, ob sie selbstständig sind oder angestellt, mehr als ein Kind haben, im Patchwork leben oder alleinerziehend sind.

Die, die das Theater kennen, wissen, wie aufreibend es ist. Es ist nicht so, dass man es aufführen will. Ich würde mich lieber bequem vor Netflix setzen und eine romantische Komödie gucken, in der Jennifer Lopez die Hauptrolle spielt und so amüsante Sachen sagt wie: «Ich bin nur so fit, weil ich den ganzen Tag den Kindern hinterherrenne, tihi!»

Aber was bleibt einem anderes übrig? Die heute Vierzigjährigen bilden die erste Generation Frauen, die selbstverständlich davon ausging, dass sie einen Beruf ergreifen würde. Gleichzeitig gibt es noch immer keine einheitlich brauchbare Idee dafür, wie sich ihre Arbeit mit Kindern vereinbaren ließe. Und so bleibt es jeder Familie selbst überlassen, sich zu arrangieren. Jeden Sonntagabend spielen sich in deutschen Wohnzimmern dramatische Szenen ab.

Der Krimi wird nicht weniger intensiv, wenn ein dritter Charakter auftaucht: die Mutterrolle. Preisgekrönt, aber in Wahrheit überschätzt, denn sie erfüllt in dieser Aufführung vor allem die Funktion des schlechten Gewissens. Das taucht, soweit ich das überblicken kann, auch nur auf der Besetzungsliste der Mutter auf. Männer scheinen jedenfalls nicht an *dad guilt* zu leiden. Vom *mom guilt* höre ich dagegen oft. Das schlechte Gewissen, sich auf die Arbeit zu freuen, weil man endlich einen Platz in der Krippe bekommen hat. Die Schuldgefühle, weil man gerne arbeitet. Die Selbstvorwürfe, die auch bleiben, wenn man aus finanziellen Gründen arbeiten

---

16 Wenn sie nicht gerade etwas anderes aus dem Standardrepertoire inszenieren: *Was essen wir heute Abend?*, *Wer hat die Pause mehr verdient?* oder, der Klassiker, *Wer hat Schuld?*.

muss, also keine andere Wahl hat. Es meldet sich, wenn man auf dem Spielplatz nebenbei schnell drei E-Mails beantwortet oder das Kind zu Hause vor YouTube parkt, um an einem weiteren Zoom Call teilzunehmen. Es ist da, wenn die Lehrerin, nachdem man für eine Woche auf Reisen war, sagt, dass man schon gemerkt habe, wie sehr das Kind die Mama vermisst hat. Falls es einem gelingt, das nicht als Anlass zum Zweifeln an den eigenen Entscheidungen zu nehmen, kommt der nächste Einwand schon früh genug. Vor einigen Jahren kam ich auf einer Zugfahrt mit einer anderen Mutter über unsere gleichaltrigen Kinder ins Gespräch. Sie fragte, ob mein Sohn, damals gut drei Jahre alt, schon in den Kindergarten gehen würde. Seit er anderthalb ist, sagte ich. Sie darauf: «So ist das, wenn sich beide verwirklichen wollen.»

Diese Begegnung macht mich auch heute noch ratlos, und nicht mal, weil sie meinte, mir das mitteilen zu müssen, denn mit Kind lernt man schnell, dass sich niemand mehr dazu befähigt fühlt, Eltern die Meinung zu sagen, als andere Eltern, sondern weil ich nicht verstehe, was es bedeuten soll. «So ist das, wenn sich beide verwirklichen wollen.» Elternschaft ist also, wenn sich beide aufgeben? Sich nur eine*r verwirklicht? Und wenn ja, wer ist das? Und was ist mit denen, die es allein oder getrennt machen? Ich stelle mir vor, dass ich zu ihr gesagt hätte: «Dein Kind ist zu Hause? Wie bedauerlich, dass es nicht die Erfahrung machen kann, andere Bezugspersonen kennenzulernen und von einer Vielzahl an Vorbildern zu profitieren.» Tat ich natürlich nicht. Weil es unsinnig ist, ausschließliche Feststellungen über die Erziehungsmodelle anderer Menschen zu treffen. Ebenso sinnlos ist die Unterstellung, die die andere Frau mir unausgesprochen machte: Meine Selbstverwirklichung, die ich offenbar nicht allein in der Mutterschaft fand, denn warum hätte ich meinen Sohn sonst in den Kindergarten geben sollen, schadete ebendiesem Sohn. Jedes Mal, wenn ich daran denke,

denke ich, dass ihre Aussage alle Eltern zu Verlierern macht. Und, fairerweise: Man verliert einiges. Schlaf, Haare, Nerven. Aber: Sich selbst? Das scheint mir zu viel verlangt.

Wenn ich meine Verärgerung über die Begegnung mal beiseite-schiebe, würde ich sagen: Jede*r so, wie er oder sie meint.

Allerdings: Nicht jede so, wie sie will.

Die Zahlen dazu sind gleichermaßen eindeutig und desillusio-nierend. So wie diese: 12 Prozent. Laut einer Umfrage des Instituts der deutschen Wirtschaft von 2019, in der rund ein Viertel der befragten Mütter angab, keiner Erwerbstätigkeit nachzugehen, war das nur von 12 Prozent gewünscht. Eine Lücke, die in der Gruppe mit Kindern unter drei Jahren aufklafft: Hier gingen fast 69 Prozent kei-ner Erwerbsarbeit nach, doch nur von 27 Prozent war das gewollt. Selbst unter Berücksichtigung der gewählt arbeitsfreien Elternzeit und vor dem Hintergrund, dass die Umfrage von einem wirtschafts-nahen Institut durchgeführt wurde, bleiben die realen Möglichkei-ten weit hinter den Vorstellungen der Frauen zurück. Neben einem Mangel an Betreuungsmöglichkeiten spielten inflexible Arbeitszei-ten, lange Pendelwege oder die Tatsache, dass sie seltener zu Vor-stellungsgesprächen eingeladen werden, eine Rolle. Vor zwei Jahr-zehnten war die Zahl der Frauen, die sich keine Erwerbstätigkeit wünschten, noch doppelt so hoch wie heute. Doch die Gesellschaft hat bislang nicht aufgeholt. «Die Einstellungen haben sich in den vergangenen zwanzig Jahren sehr viel schneller geändert, als viele in Politik und Wirtschaft sich das vorstellen könnten», sagte der IW-Forscher Wido Geis-Thöne dazu so nüchtern wie ernüchternd in einem Interview mit der *Süddeutschen Zeitung*.

Eine weitere Zahl: 61 Prozent. So viel weniger verdienen Frau-en in Deutschland zehn Jahre nach der Geburt des Kindes im Ver-gleich zum Jahr vor der Geburt, heißt es in der internationalen Vergleichsstudie *Child Penalties* (Kinderstrafe) zwischen den Ländern Dänemark, Deutschland, Österreich, Schweden, USA und Großbritannien. Auch in den anderen Ländern berichten Frauen von Einkommensverlusten, aber nirgends sind sie so hoch wie in Deutschland. Einundsechzig Prozent. Das kann doch nicht stimmen. Stimmt aber. Die Zahl erklärt sich unter anderem daraus, dass viele Frauen in Teilzeit in ihren Beruf zurückkehren – und auch dort bleiben. Laut Mikrozensus 2019 sind 73 Prozent der Mütter zwischen 20 und 49 Jahren mit Kindern unter sechs Jahren in Teilzeit, und 64 Prozent mit Kindern, die älter als sechs Jahre sind. Wie sich all das auf die spätere Versorgung der Frau auswirkt, zeigt, was das OECD bereits vor einigen Jahren errechnet hat, nämlich dass in keinem anderen EU-Land der Unterschied in der gesetzlichen Rente von Männern und Frauen so hoch ist wie in Deutschland.

Mit diesen Zahlen im Hinterkopf noch diese: Für 77 Prozent der Befragten im Familienreport des Bundesministeriums für Familie, Senioren, Frauen und Jugend steht die Familie an erster Stelle. Klar, wer sich vornehmlich um sie kümmert. Frauen verrichten mehr als doppelt so viel der unbezahlten Sorgearbeit.

Als aufgeklärte Frau habe ich gehört, dass es für die Beziehung hilfreich sein kann, seine Fantasien zu teilen, auch die, die einem unangenehm sind.

Das ist meine: Ich träume gelegentlich davon, meine Arbeit aufzugeben.

Gewagt, was?

Unemanzipiert, oder?

Doch meine Überzeugungen und ich sind entsetzlich müde an diesen Sonntagabenden, wenn um eine Stunde mehr hier und eine weitere Stunde dort verhandelt wird. «I don't want to lean in. I want to lie down», hat Ali Wong in einem ihrer Stand-ups mal in Anspielung auf Sheryl Sandbergs *Lean In* gesagt, dem Handbuch für die ambitionierte Frau. Die Kamera schwenkte von Wong ins Publikum:

Lauter vor Lachen jaulende Frauen. Oder waren es Schreie der Verzweiflung?

Die Exceltabelle, der die Beziehung zwischen meinem Mann und mir gleicht, macht mich nicht scharf. Ein heißer Gedanke dagegen, dass sich meine tägliche Liste mindestens um die Hälfte reduzieren würde, wenn ich die komplette Verantwortung, das Geld zu verdienen, an meinen Mann abgebe.

Das wäre so leicht nicht möglich, weil ich die Hauptverdienerin bin, aber wir befinden uns hier schließlich in meiner Fantasie.

Anderes Rollenspiel. Wie wäre es, wenn ich zu ihm sage: «Gib du doch deinen Job auf und damit das, was du liebst.»

Nein, nicht reizvoll.

Letzter Versuch. «Schatz, du kannst dich auf mich verlassen, wir werden uns niemals trennen.»

Bevor mein Mann, der dieses Buch lesen kann, weil ich es schreiben konnte, da wir in einer gleichberechtigten Partnerschaft leben, einen Schreck bekommt: Ich habe nicht vor, mich zu trennen. Nur: Eine von drei Ehen wird in Deutschland, bei allen guten Vorhaben, geschieden. Den Rat von Nora Ephron – «Heirate niemals jemanden, von dem du nicht auch geschieden sein willst» – bedenken beim Ja-Wort wohl die wenigsten. Dazu abschließend diese Zahlen: Laut einer Studie der Bertelsmann Stiftung sind knapp 43 Prozent der Einelternfamilien einkommensarm: «Obwohl Alleinerziehende in den meisten Fällen erwerbstätig sind, können sie laut Studie häufig trotzdem nicht das Existenzminimum für ihre Familien sichern. 88 Prozent der Alleinerziehenden sind Frauen.»

Ich bin, mit meinem sozioökonomischen Hintergrund, meinen Verdienstmöglichkeiten und der Tatsache, dass ich meine Arbeit nicht nur brauche, sondern mag, nicht das Beispiel. Ich bin die Ausnahme.

Sicher, es gibt viele Modelle. Nicht jede Frau, die aufhört zu arbeiten, ist deshalb unglücklich, unmittelbar von Scheidung und danach direkt von Armut bedroht. Man kann Gehaltseinbußen freiwillig in Kauf nehmen. Wichtig erscheint mir, dass keine Frau durch ihre Entscheidung Nachteile hätte. Nicht mehr zu arbeiten, weil man von dem Theater um die Zeit erschöpft ist, weil es ein hartes Bemühen um Verständnis von Chefs, Kolleginnen und der eigenen Familie ist, weil man genervt ist von den Erzählungen der Rabenmutter, die ihre Kinder vernachlässigt, und es einem so weniger anstrengend vorkommt, sich auf den Partner oder die Partnerin zu verlassen, ist auf Dauer: auch keine Lösung.

Ich habe noch ein paar andere Fantasien: Eine Gesellschaft, in der Sorgearbeit und Erwerbsarbeit den gleichen Stellenwert haben – wobei mir das in einer Zeit, in der es nicht etwa darum geht, wie man Belastungen besser verteilt, sondern die 42-Stunden-Woche gefordert wird, wahrlich utopisch vorkommt. Ein Traum wohl auch die bezahlte Erziehungsarbeit, und zwar mehr als die paar Jahre, die der Rente angerechnet werden.

Meine Mutter, die bei meinem jüngeren Bruder und mir zu Hause blieb und nur ehrenamtlich arbeitete, bis wir ausgezogen waren, hätte mehr verdient als das, was auf ihrem Rentenbescheid stehen wird. Sie und mein Vater haben sich am Anfang ihrer Ehe geeinigt. Sie sind glücklich. Auch sie sind eine Ausnahme. Das, was sie für unsere Familie getan hat, war ein großer Dienst. Geld vom Staat wäre eine gerechte Anerkennung dafür. Nur müsste Mutterschaft dafür nicht als Berufung verstanden werden, sondern als Arbeit.

Nach einem Nachmittag, an dem mein Sohn sie über mehrere Stunden in ein Pferd-und-Reiter-Spiel eingespannt hatte, fragte mich die Freundin meines Bruders einmal: «Wie ist das? Hat man als berufstätige Mutter mehr Energie?»

Wie gerne hätte ich ihr gesagt: «Hör zu, es gibt da dieses Nahrungsergänzungsmittel, das deine Ausdauer sensationell steigert! Und hast du von Gua-Sha-Massagen gehört? So entspannend! Warte, ich leite dir noch den Link zu einem Meditationsvideo weiter.» In der Mail hätte ich glatt auch noch Links zu einer Organisations-App und einem vollautomatischen Breikocher geteilt und außerdem empfohlen vorzuschlafen.[17] Die Wahrheit ist: Es gibt keinen Life Hack. Man kann den Alltag noch so minutiös planen, konstant drei Babysitter in der Warteschleife haben oder zurück in die Nähe der Eltern ziehen, falls man nicht eh noch dort wohnt, man wird trotzdem kaputt sein. Sollte man den innigen Wunsch haben, Mutter zu werden, so wie es meiner war, ist das Einzige, was es in einer Partnerschaft moderat leichter macht, ein Partner oder eine Partnerin, die einen darin unterstützt, finanziell und damit in der Lebensgestaltung unabhängig zu bleiben.

Es muss so klar sein wie das, was mir ebenfalls logisch erschien, damals bei dieser Begegnung mit der anderen Mutter in der Bahn. «Ja, aber was sollen zwei Menschen denn sonst wollen, als sich selbst zu verwirklichen?»

Das war's.

Das ist das Geheimnis.

Das ist die einzige Sache, bei der ich mir nach acht Jahren Mutterschaft absolut sicher bin.[18]

Wobei das auch für Kinderfreie gilt. Jede Frau ist besser dran, wenn sie für sich sorgen kann. Weibliche Emanzipation ist wirt-

---

17 Von allen Ratschlägen, die ich als Mutter bekommen habe, ist «Schlaf, wenn das Baby schläft» der witzigste. Ich lache auch acht Jahre später noch über die Pointe, dass unser Sohn nicht schlief.

18 Stimmt nicht. Es gibt zwei weitere Dinge, die ich einschränkungslos weitergeben kann. Erstens, Snacks einpacken. Und, zweitens, immer mehr Snacks, als man denkt, brauchen zu müssen.

schaftliche Emanzipation. Das hat Virginia Woolf in *Ein Zimmer für sich allein* festgehalten. Daran hat sich seit 1929 nichts geändert.

Wer der Beziehung ein wenig verloren geglaubte Erregung zurückgeben will, sollte den Mental-Load-Test machen, ein Selbsttest, mit dem Paare prüfen können, ob neben Haushaltsaufgaben wie «Mahlzeiten planen» oder «Betten frisch beziehen» auch «Kontaktpflege zu Angehörigen» und «Gemütlichkeit zu Hause» so verteilt sind, wie die Partner*innen das einschätzen. Wer den Test längst kennt: direkt noch mal machen. Stellt man am Ende fest: Wir haben zwar das gleiche Stundenkonto für alles, aber nur eine*r von uns kauft Geburtsgeschenke, macht den Supermarkteinkauf und kutschiert jedes Wochenende die Kinder in einem zunehmend mit Snackverpackungen zugemüllten Wagen zu Sportturnieren – wer war noch mal für die Autoreinigung zuständig? –, kann man zwar sagen: Aber *so* viel mehr ist es ja nicht. Doch das ist in etwa so, als würde es in der Gehaltsverhandlung heißen: «Sie hätten zwar das volle Gehalt verdient, aber wir bieten Ihnen, nur so zum Spaß, Zweidrittel davon an, das ist ja auch nicht schlecht.»

Wenn sich die Gehälter so massiv unterscheiden, dass es sinnvoll ist, wenn eine*r zeitweise weniger arbeitet, ist später der oder die andere dran.

«Man muss Gleichberechtigung auch wollen», sagt eine enge Freundin von mir oft, vielleicht auch, um sich selbst daran zu erinnern. Und selbst wenn man will, kann es herausfordernd genug sein, die Zeit gerecht zu verteilen, etwa weil der Arbeitgeber des Mannes schlicht nicht begreift, dass dessen Frau mehr Geld verdient und damit weniger Zeit zu Hause ist, der Mann also die Arzttermine mit den Kindern macht – so meiner Freundin C. geschehen.

Hat man als Paar schon diverse Jahre hinter sich, sollte man umso häufiger daran erinnern, dass «Ich werde alles mit dir teilen» aus dem Ehegelöbnis kein Vorschlag war, sondern bindend ist. Hat

man gerade jemanden kennengelernt, der schon in der Anfangs-
phase so Sachen sagt wie «Ich kann mich nicht an den Kosten beteiligen, weil dann kein Geld für *mich* übrig bleibt» oder «*Ich* habe kein
Talent für das Ausfüllen von Formularen», kann man sich gleich
wieder trennen, statt zu riskieren, einige Jahre später darauf zu
warten, dass dieser Mensch es hinbekommt, Formulare auszufüllen
und monatlich Geld zu überweisen.

Jetzt, da ich mir den letzten Absatz noch mal durchgelesen
habe, klingt das alles so gar nicht nach Vergnügen. Andererseits:
Was könnte vergnüglicher sein, als zu klären, was für einen selbst
unverhandelbar ist – ob am Anfang oder nach Jahren? Höchstens,
einen Partnerschaftsvertrag aufzusetzen, damit sich keine*r um die
Zukunft sorgen muss.

Bis ich das Manuskript für dieses Buch abgegeben habe, sorgt
mein Mann mehr für unseren Sohn. Wenn ich fertig bin, ist er dran,
seine Ausbildung zu beenden, denn er schult mit Anfang vierzig
noch mal um, was ich in jeder Hinsicht unterstützenswert finde.

Manchmal, wenn ich ihn ansehe, stelle ich mir vor, wie das
wäre, wenn ich ohne ihn auskommen müsste. Oder er ohne mich.
Nicht zu lang, denn ich möchte das nicht. Aber ich weiß, dass wir
es könnten.

Früher, als ich noch nicht seit 15 Jahren in einer Beziehung war,
dachte ich, Paare, die sich in Restaurants schweigend gegenüber-
sitzen, hätten einander nichts mehr zu sagen. Inzwischen bin ich
überzeugt, dass jede*r von ihnen für sich im Kopf das Skript durchgeht für die nächste Aufführung von «Wessen Zeit ist kostbarer?».

Vielleicht sitzen wir in diesem Restaurant auf einem Date, denn
lange Beziehungen brauchen hin und wieder Erinnerungen daran,
dass man ja auch noch ein Liebespaar ist. Oder es öfter gern wäre.
Wenn man es lange genug im Voraus plant. Die Kinder schlafen. Die

Wohnung aufgeräumt ist. Die letzte E-Mail des Tages beantwortet. Die haarsträubende PMS überstanden. Im nächsten Urlaub. Oder, lass mich in meinen Kalender schauen: Samstag? Wenn man entspannt ist. Sich begehrenswert fühlt. Und den anderen begehrenswert findet. Was in den Jogginghosenjahren seltener vorkam. Wenn im Kerzenschein die Erinnerung aufblitzt, wie das war, als man sich kennenlernte, und es gar nicht erwarten konnte, nach Hause zu kommen, um übereinander herzufallen. Denn war das nicht so, bevor man zur Chefin des Organisationskomitees der Familie wurde, zum Bauklotzingenieur, zur Chirurgin für Splitterentfernung, Leitung der interfamiliären Beschwerde-Hotline und Vorstehenden des Catering-Unternehmens, und man meinte, die andere Person habe noch mehr Geheimnisse außer dem, was sie so lange im Bad macht.

Während ich mir vor dem Badezimmerspiegel die Augenbrauen anmale, mit einem Bürstchen in Form bringe und mit Pomade fixiere, da plötzlich überall Gesichtshaare sprießen, sie an den Brauen aber ausfallen, denke ich an etwas, dass K. auf einem unserer Spaziergänge sagte, als wir uns über die aktuellen Diskussionsthemen in unseren Beziehungen unterhielten: «Es ist für unsere Partner natürlich wahnsinnig schwer, dass wir so perfekt sind.»

Ist man schon eine Weile zusammen, gewinnt man an Gewissheit, dass niemand perfekt ist. Am Anfang ist es bloß einfacher, sich das einzubilden.

Wenn man in den Augen der anderen Person noch alles sein könnte und nicht längst der Mensch ist, der weiß, wo der Pümpel steht, mit dem man Versicherungspolicen durchgeht und der diese unglaublich irritierende Art hat, Brot zu schneiden. Mein Mann sieht schätzungsweise mehr in mir als das. In ihm sind meine Stärken, aber auch die Schwächen reflektiert, all das, was für andere unsichtbar bleibt. Ich finde es eher beruhigend als beängstigend, dass ich mich vor ihm nicht verstellen kann. Ich kann mir aber vorstellen, dass der Blick dann abgleitet und sich einen neuen Spiegel sucht, wenn die Sehnsucht zu groß wird, anders gesehen zu werden. Als Konjunktiv, nicht als Indikativ. Nicht nur die Affäre ist unbeschrieben und dadurch aufregend, sondern auch man selbst kann in deren Augen alles darstellen. Doch wo die Sehnsucht auch hinführt: Man nimmt sich selbst an diesen Ort mit.

Wenn ich an Affären denke, denke ich: Ein weiterer Punkt auf der Liste? Albtraum. Wichtiger als Logistik: Mir gefällt die Vorstellung, dass ich nie wieder mit einem anderen Mann zusammen sein werde. Mit ihm bin ich erst darauf gekommen, wie Sex für mich sein sollte.

An dem Abend, an dem ich mit meinen Freundinnen auf der Insel die Füße im Pool baumeln ließ, redeten wir darüber, was das Beste an diesem Alter ist. «Im Bett zu sagen, was ich mag», sagte C. prompt. «Himmel, all die Jahre, in denen man darauf gewartet hat, dass der andere schon irgendwie herausfinden würde, was zu tun ist, und man sich komisch fand oder es einem peinlich war und man Scham vor dem eigenen Körper hatte.» Ich fügte hinzu: «Sagen können, was man *nicht* mag.» Wir waren uns einig, dass wir all die neuen Arten, sexy zu sein, die einem über Jahrzehnte eingeredet wurden, nicht vermissten, wie auch jegliche Form von Hochleistungsdruck. «Ich soll WAS mit seinem WAS machen?!?», fasste S. die Lektüre sämtlicher Magazinartikel zu anregenden Stellungswechseln zusammen. «Und können wir bitte festhalten, dass es ein Mythos aus Film und Fernsehen ist, dass eine Frau jedes Mal beim Sex einen vaginalen Orgasmus hat?» Ja, ja, jaaaaa.

Zum Glück wurden all die Sex-Tipps aus der Jugend, dank derer man ständig die Ekstase erreichen sollte, die aber vielmehr zu dauerhaften Selbstzweifeln führten, ersetzt durch ... ja, was eigentlich? Zwischen dem Klischee von der vertrockneten Alten und dem lüsternen Weib fallen vielschichtige Porträts vom Sexleben älterer Frauen wie in dem Film *Meine Stunden mit Leo* mit der fulminanten Emma Thompson als außergewöhnlich auf, weil sie so rar sind. Ansonsten: tote Hose ('tschuldigung).

Dabei gäbe es viel zu erzählen. Über frisch Getrennte, die nach dem Ende einer langen Partnerschaft endlich das ausprobieren, was sie schon immer mal versuchen wollten. Die Lust in langen Partnerschaften. Frauen, die keine Lust mehr auf Kompromisse haben und sich mit über vierzig halb so junge Liebhaber nehmen. Kein Gerücht aus Film und Fernsehen. Auf meinem Schreibtisch liegen aktuell die Samstagsbeilagen aus der *Times* und dem *Guardian*, in denen in der gleichen Woche Frauen von ebendiesen Erfahrungen berichten. Um Dreier geht es in den Artikeln nicht. Dabei gehört es, wenn meine Recherchen zutreffen, in einem Buch über das Älterwerden fast schon zum guten Ton, das mindestens einmal ausprobiert zu haben, aber hier wird man dennoch nichts darüber lesen. Beim Dreier bin ich wieder bei Logistik – und raus. Wo die einen das Abenteuer entdecken, sehen die anderen Überforderung, und umgekehrt. Mir gefällt, was Isabel Allende, Ende siebzig, in *Was wir Frauen wollen* schreibt: «Ich brauche Nähe, schummriges Licht, Zuneigung und Marihuana.»

In einem der einleuchtenderen Interviews, die ich zum Thema gelesen habe, sagt die kanadische Medizin-Professorin Peggy Kleinplatz und Mit-Autorin von *Magnificent Sex*: «Das wahrscheinlich wichtigste Kennzeichen eines außerordentlichen Sexerlebnisses ist die empathische Kommunikation, nicht nur in Worten, sondern durch Berührung.» Und weiter: «Empathische Kommunikation ist möglich, wenn man auch ein zwischenmenschliches Risiko eingeht. [...] Erotische Stagnation tritt paradoxerweise genau dann ein, wenn Partner kein Risiko mehr eingehen und Berührungen automatisch und routinemäßig ausführen. [...] Echte erotische Erkundung bedeutet, die Kontrolle aufzugeben, sich hinzugeben und zuzulassen, emotional verletzlich zu sein.»

Genauso schlüssig finde ich allerdings, dass Sex neben Nähe auch Abstand braucht. Mehr fallen lassen und weniger Verlässlichkeit.[19] Weniger «haben» und mehr «wollen», wie Esther Perel sagt. Ich halte es beispielsweise nicht für hilfreich, den anderen als «Papa» oder «Mama» anzusprechen, wenn die Kinder nicht in Hörweite sind, und nicht mal, wenn sie es sind. Ist mir zum Glück noch nie passiert. Wirklich, nur einmal. Oder drei. Aus Versehen. Man kann sich noch so viele High-Fives geben, weil man als Eltern-Team funktioniert, sie ersetzen nicht das Gefühl, wenn jemand mit sachten Fingerspitzen den Rücken herunterfährt. Oder einen packt. Je nachdem.

Ich finde Abstand darin, meinen Mann nicht zum Ansprechpartner für alles zu machen.

Es gibt Dinge, die bespreche ich nur mit meinen Freundinnen, andere in der Therapie, und einiges regele ich mit mir selbst. Das Zusammensein mit anderen kann auch daran erinnern, was für eine umwerfende Person man ist. Und, kleiner Trick für die nächste Party, was für eine umwerfende Person der oder die Partner*in ist. Selten will man die eigene Beziehung mehr mit ergreifendem Sex feiern als nach einem Flirt – dem eigenen oder dem beobachteten.

Wie viel Nähe? Wie viel Abstand? Es ist kompliziert. Als ziemlich sicher darf gelten: Je länger das letzte Mal her ist, desto größer die Hürde vor dem nächsten Mal. Wartet man auf den perfekten Moment, wartet man womöglich ewig. Sex auch im mutmaßlich

---

19 Wobei auch das zur Fantasie taugt. Ich denke da an einen Tweet, den die britische Komikerin Madeleine Brettingham auf dem Höhepunkt der letzten Fußballeuropameisterschaft über den Trainer der englischen Mannschaft schrieb: «Gareth Southgate ist der ultimative Schwarm der mittleren Jahre. Ich will einfach nur, dass er mich zur Darmspiegelung begleitet und im Wartezimmer würdevoll schweigend ein Scotch Egg isst.»

nicht perfekten Moment zu haben, ist eine gute Erinnerung daran, wie gut Sex ist. Es reicht ein Wink. Ein Satz. Im Auto vor dem Kino rummachen wie zwei verknallte Teenager. Stress, Alltag, Müdigkeit, sinkende Libido oder plötzliche Verklemmtheit, obwohl man einander schon so lange kennt, all das kann dazwischenkommen. Die Überzeugung, Sex zu priorisieren, finde ich in etwas, das die Schauspielerin Ali Wentworth, seit über zwanzig Jahren verheiratet, über ihr erfülltes Sexleben sagte: «Es ist das Einzige, was ich mit keinem anderen Menschen machen kann.» Das aufregendste Gefühl, das ich kenne, ist, dass wir beide, mein Mann und ich, hier sein wollen. Die Überzeugung, Sehnsucht, auch nach dem Bekannten, zu priorisieren, finde ich in *This Old Man*, ein Text des berühmten *New-Yorker*-Journalisten Roger Angell, der im Mai 2022 mit 101 Jahren starb. «Alt zu werden, ist die zweitgrößte Überraschung meines Lebens, doch die mit Abstand größte ist unser unaufhörliches Bedürfnis nach tiefer Verbindung und intimer Liebe», schrieb er mit Anfang neunzig. «Ich glaube, dass jeder Mensch auf Erden heute Nacht mit jemandem zusammen sein will, vereint in der Dunkelheit, mit der süßen Wärme einer Hüfte oder eines Fußes oder der nackten Weite einer Schulter zum Greifen nah. Die von uns, die das verloren haben, egal, wie alt sie sind, verlieren niemals die Sehnsucht danach: Schauen Sie nur in unsere Gesichter. Wenn es zurückkommt, wenn es uns wiederfindet, packen wir begierig zu, überwältigt und erneut verwandelt.»

ALLEINSEIN

Der Witz ist natürlich, dass ich *Ein Zimmer für sich allein* – ich erwähnte das Essay von Virginia Woolf über die Bedürfnisse der kreativen Frau eingangs – immer wieder nicht gelesen habe, weil ich im Grunde nie allein bin. An fast jedem Morgen, an dem ich aufstehe, ist jemand da. Wenn ich schlafen gehe, ist jemand da. In dieser Sekunde kam mein Mann ins Zimmer und fragte, was er am besten auf die Einladungskarten für den Geburtstag unseres Sohnes schreiben soll, und statt weiter darüber nachzudenken, wo ich mit dem vorherigen Satz hinwollte, denke ich jetzt darüber nach, was wir für die Geburtstagsparty noch besorgen müssen, und suche nach der angefangenen Einkaufsliste.

Hatte ich erwähnt, dass mein Mann und ich seit fünf Jahren gemeinsam im Homeoffice sitzen? Gut für spontanen Sex. Weniger gut für das Alleinsein. Es sollte eine Übergangslösung für das erste Jahr nach dem Umzug sein, aus der, auch dank der Pandemie, ein Dauerzustand wurde. Immerhin: Inzwischen haben wir getrennte Arbeitsbereiche. In letzter Zeit habe ich trotzdem verstärkt darüber nachgedacht, aus unserer Arbeitsgemeinschaft auszuziehen. Speziell, nachdem ich mich für ein Wochenende zum Schreiben in ein Büro eingemietet hatte. Fantastisch war das. Unglaublich ruhig. Mit meiner Freundin E. textete ich kurz darauf hin und her, ob es finanziell umsetzbar wäre, eine Wohnung zu mieten, wie eine Studentinnen-WG, aber zum Arbeiten. Kaum, aber man kann ja mal träumen. Dort würden wir schreiben. Oder eine halbe Stunde in die Luft gucken, um den eigenen Gedanken zuzuhören, ohne dabei unterbrochen zu werden. Oder *Ein Zimmer für sich allein* aufschlagen, um nach einer halben Seite einzuschlafen, denn es gäbe in der WG auch Betten. Chaiselongues? Keine Futons, dafür sind wir zu alt. Oder drei Schalen Knuspermüsli nacheinander essen, ans Fenster gelehnt, während ich anderen Menschen draußen auf der Straße zusehe.

Das sind so Dinge, die ich tue, wenn ich allein bin. Manchmal höre ich Platten. Mach mir ein Fußbad in einem Wascheimer und lackiere mir die Zehennägel, während ich drei Folgen *New Amsterdam* gucke und eine Gesichtsmaske einwirken lasse. Oder ich blättere, wenn ich sie auf der Suche nach einem Zehentrenner zufällig finde, irgendwo hatte ich doch welche davon, in alten Notizbüchern, in die ich früher aus Zeitschriften ausgerissene Modeseiten klebte, buchstäblich: Lookbooks. Dafür hatte ich also mal Zeit. Die Notizbücher kämen in die Frauen-WG allerdings nicht mit. Und auch sonst nur wenig. Da wären keine Plastiktüten voller Mehrfachstecker, keine einzelnen Socken, Schlüssel, von denen niemand weiß, was sie öffnen, halb vertrocknete Basilikumtöpfe, IKEA-Taschen für die Altkleiderspende, zerknüllte Bons zum Eintragen ins Haushaltsbuch, Sammelhefte für Treueaktionen, Schuhe zum Pflegen, CDs, so viele CDs, wer soll die je wieder hören, Paperbacks für die Strandlektüre, in die man nie wieder schauen wird, verwaschene Strandhandtücher. Da wären keine ungeöffneten Rechnungen, keine Pinnwände mit überfälligen Rechnungen, Nummern von Kinderärzten, in deren Praxen wir nicht mehr sind, und Schmierzetteln – auf einem steht «Es gibt so viele Wege, ein Leben zu leben», was wahrscheinlich mal ein Gedanke für dieses Buch war, aber wo soll ich den jetzt noch einsortieren –, keine Schmuckschatullen, die man nur mal ordentlich aufarbeiten und lackieren müsste, dann würden sie sich zauberhaft auf dem alten Frisiertisch meiner Oma machen, der auch mal wieder gestrichen werden könnte, keine halb aufgebrauchten Nagellacke, keine Waxing-Strips von 2017, keine Stützstrümpfe aus der Schwangerschaft, Himmel, die ist bald neun Jahre her, Fotos, die gerahmt werden müssten, oder Malkästen, in denen sich alle Farben zu Spülwasserbraun vermischt haben, oder reparierbedürftiges Spielzeug, oder Regenjacken mit Loch am Arm, drei kaputte Regenschirme und Zehentrenner, die sich nie finden lassen, wenn man sie mal braucht. Nichts von alledem. Ich rechne fest damit, dass auch E. ohne irgendetwas in unsere WG einziehen würde. Wir würden all die Etwasse hinter uns lassen, die uns daran erinnern, dass wir niemals Marie Kondo sein werden. Für eine Weile. Oliver Burkeman, ich komme nicht umhin, ihn nochmals zu zitieren, spricht davon, dass man es nie schaffen wird, alles zu schaffen, und es demnach erlösend wirkt, sich von dem Vorhaben zu verabschieden. Aber, frage ich mich nun, hat dieser Burkeman einen Schuhkarton mit diversen Ladegeräten für Handys, die noch zum Aufklappen waren?

Ich verfolge mit meinem Alleinsein nicht die Vorstellung, meine Familie zu verlassen. Manche scheinen das zu denken. «Aber vermisst du die beiden nicht?», «Und wer kümmert sich um dein Kind, wenn du nicht da bist?», «Warum bist du überhaupt Mutter geworden, wenn du davon Pausen brauchst?» Habe ich alles schon gehört.

Da ich in diesem Moment gerade allein bin, habe ich die Muße, darauf einzugehen. Erstens: Ja, aber nicht schmerzlich. Zweitens: Nun, mein Kind hat zwei Eltern. Und wenn mein Mann und ich zusammen unterwegs sind, gibt es weitere Menschen, die für unseren Sohn da sind. Drittens: Uff.

Ich wiederhole mich, aber es scheint nötig: Elternschaft ist Arbeit. In jedem Beruf hat man Urlaub. Warum dann nicht von dieser Aufgabe, die ich als intensiver, aufreibender, fordernder als jeden Text empfinde, den ich in einer Nachtschicht getippt und in banger Erwartung abgeschickt habe, ob er gut genug ist. Und das ist mein Job. Ich bin dafür ausgebildet. Für die Mutterschaft hatte ich null Qualifikationen. Ich kann sie auch nicht abgeben wie ein Projekt, das doch noch rechtzeitig zur Deadline fertig geworden ist. Möchte ich auch nicht. Doch ebendiese Unaufhörlichkeit verlangt nach Pausen. Mir reicht es nicht, mitunter nach dem morgendlichen Wegbringen noch eine Viertelstunde im Auto sitzen zu bleiben, einen Nussriegel zu essen, den ich im Handschuhfach gefunden habe, denn kein Kind, das ich bisher kennengelernt habe, isst gerne Nussriegel, und dabei eine neue Folge von *Apokalypse & Filterkaffee* zu hören. Wie nötig es ist, nicht ansprechbar zu sein, merkte ich, als ich mir nach Monaten der Kontaktsperre einen Termin zur Zahn-

reinigung holte und prompt mit einer Kontrolluntersuchung zu-
sammenlegte – inklusive Anfahrt drei Stunden pure Erholung. Aber
das ist kein nachhaltiger Plan für mehr Auszeiten.

Als mein Sohn ungefähr ein Dreivierteljahr alt war, flog mein
Mann mit ihm zum ersten Mal allein nach England, um seine Familie zu besuchen. Es war mein Vorschlag, nicht mitzufliegen. Ich
brauchte Zeit für mich. Eine Woche ohne Stoppuhr. Unser Sohn
hatte einige Monate zuvor eine große OP überstanden und wir gemeinsam eine Zeit vieler Sorgen. Seitdem gibt es die Übereinkunft,
dass jeder von uns pro Jahr mindestens eine Woche allein bekommt,
um wegzufahren. 55 Wochen für uns, 1 Woche für sich. Faire Rech-
nung, finde ich. In der Zeit, in der dieses Buch entstand, habe ich
mehrere dieser Wochen genommen und bin zum Schreiben weg-
gefahren, ein paarmal in das Ferienhaus meiner Eltern in Dänemark. Dort bin ich am Strand entlanggelaufen, wenn ich eine Pause vom Schreiben brauchte, und habe Käsebrote vor dem offenen
Kühlschrank gegessen, im Grunde esse ich in solchen Wochen nur
Käsebrote, weil ich nicht kochen muss und es deshalb nicht tue. Ich
schrieb bis 2 Uhr früh, weil nicht um 6:30 Uhr der Wecker klingelte.
Zwischendrin guckte ich in die Luft. Kreativität findet Antrieb aus
Leerlauf. Aus Langeweile. Aus der Zeit, in der man Gedanken ent-
werfen und dann wieder verwerfen kann.

Das ist die Arbeit. Das andere sind die Time-outs. Mein Mann
braucht sie nicht so sehr wie ich. Persönlichkeitssache. Er ist ein
geselliger Typ, ich bin eine Einsiedlerin. Ich war, als ich noch allein
war, gerne allein. Ich *mochte* mich allein. Ich vergleiche das nicht
mit den Strapazen von Alleinerziehenden, mit dem Single-Sein,
wenn man es nicht sein will, oder mit dem Verlust von geliebten
Menschen. Was ich meine, ist, mich abseits von Rollen zu finden,
die ich im Zusammenspiel mit anderen Menschen übernehme.
Momente zu haben, in denen ich für niemandem etwas sein muss,

außer für mich. «Wer bist du, wenn du nicht performst?» – diese Frage stellt Adriene Mishler, die Yogalehrerin, mit ihrer Praxis. Seit ich diesen Satz von ihr gelesen habe, begleitet er mich – wenn ich mich rausnehme, an den nicht fremdbestimmten Tagen. Die Person, die mir dabei begegnet, ist manchmal schwer erkennbar die Person von früher. So gesehen hat mir meine Familie das Alleinsein auf wundersame Weise verdorben. Wenn ich aufbreche, gehe ich nicht weg von ihr. Ich gehe hin zu mir.

Die Räume, in denen man sich dann wiederfindet, können ganz unterschiedlich sein. Eine Freundin hat ein eigenes Schlafzimmer, und das Klischee von getrennten Betten in langen Partnerschaften ist eben das: ein Klischee. Die beiden verabreden sich nun häufiger zu Dates im jeweiligen Schlafzimmer. Eine der Freundinnen, die es nach Griechenland gezogen hat, sucht Platz im Malen. Wenn ich mit dem Buch fertig bin, habe ich mir überlegt, schenke ich mir eines ihrer Bilder. Ich würde es auch rahmen. Doch, ganz bestimmt. Eine Bekannte hat den diesjährigen Muttertag auf Wunsch allein verbracht statt mit Mann und Teenager. Ein kinderfreies Paar im Bekanntenkreis macht konsequent getrennt Urlaub. Die Beziehung läuft bestens. Diese Räume müssen nicht real sein. Es ist das Konzert, für das man bewusst nur ein Ticket kauft. Die Meditation am Morgen, wenn einem der Sinn danach steht. Das Bahnenziehen in der Schwimmhalle. Ein Abtauchen, um wieder auftauchen zu können.

Ich schreibe diese Zeilen, die vielleicht weniger umfangreich sind als die über das Zusammensein, aber deshalb nicht weniger wichtig, nachdem ich eine Woche allein war. Morgen sehe ich die beiden wieder. Ich werde sie in den Arm nehmen und ihre Gesichter küssen, die mir so bekannt sind und die ich so liebe und die ich zuweilen nicht sehen muss, um sie zu vermissen. Und dann werde ich schauen, ob einer von ihnen endlich den Basilikumtopf weggeschmissen hat.

WER HAT DICH EIGENTLICH GEFRAGT?

Über einen Typus Mann, der leider
immer noch ein Thema ist

Lieber Jochen,
falls du so nicht heißt – verzeih. Es ist bloß der erste Name, der mir
einfiel.
Womit wir schon bei meinem Problem wären. Und es ist eindeutig
mein Problem: Ich habe mich entschuldigt. So würdest du niemals
anfangen. So endest du meist noch nicht mal. Klassisches weibliches
Problem hingegen, sich konstant zu entschuldigen, wie du weißt,
und du weißt viel.
Heute habe ich bislang um Verzeihung gebeten, weil ich einen Auftrag, der unterbezahlt gewesen wäre, abgelehnt habe. Ich habe eine
Einladung zum Abendessen, auf das ich keine Lust hatte, mit «Tut
mir leid» abgesagt, obwohl es das überhaupt nicht tat. Habe mich
bei der Mediatorin, die zwischen mir und dem Fahrer, der in mein
geparktes Auto gefahren ist, vermitteln soll, dafür entschuldigt,
dass ich ihr schon wieder minutenlang auf die Mailbox gesprochen
habe. An dieser Stelle sollte ich bei den Mitlesenden um Nachsicht
bitten, dass es im Folgenden nur um Mann und Frau geht. Die Welt
ist komplexer als diese binäre Unterteilung. Die Weltanschauungen,
von denen dieser Brief handelt, sind es jedoch nicht.
Nun zurück zu dir, Jochen.
Während ich auf den Rückruf der Mediatorin warte, habe ich in
den Nachrichten diese drei Geschichten gelesen, ehrlich wahr.
Eine handelte von einem Designer, der in einem Interview gesagt
hatte, der Missbrauch von Models in den Achtzigerjahren sei zwar

unfein gewesen, aber: ohne Sünde keine Schönheit, und der nun dementierte, das so gemeint zu haben. Zweite Geschichte: Ein Wanderer, der als vermisst gemeldet wurde, ignorierte die Anrufe des Rettungsteams, weil er die Nummer nicht erkannte. Er sei, so seine Aussage, zwar vom Weg abgekommen, wollte den Wanderpfad aber aus eigener Kraft wiederfinden und sei deshalb auch nie in Not gewesen. Dritte Geschichte: Der Premierminister von Großbritannien hatte trotz strikter Lockdown-Regeln Partys in 10 Downing Street gebilligt und damit seine eigenen Gesetze gebrochen. Pardon, keine Partys. «Arbeitstreffen».

Verschiedene Jochens, gleiche Methode: Eine Entschuldigung findet erst dann statt, wenn einem die Ausreden ausgehen oder der öffentliche Druck zu groß wird.[20] Ich nehme mir deine Haltung gegenüber Entschuldigungen direkt zu Herzen, denn ich will mich heute nicht auch noch vor mir selbst dafür rechtfertigen, dass ich dir schreibe – obwohl es mir eventuell leidtun wird. Ich darf ein Buch mit 224 Seiten über Frauen und ihre Geschichten füllen und gebe dir 13 davon. Blöd.

Warum schreibe ich dir überhaupt? Du beschäftigst mich. So wie viele Frauen, die ich kenne und die es mir daher verzeihen mögen, dass ich im Folgenden von «uns» spreche, obwohl ich sonst wenig davon halte, für alle das Wort zu ergreifen. Doch ich glaube, bei dir, Jochen, sind wir Frauen uns einig. Dabei hatte ich angenommen, dass du im Jahr 2022 kein Thema mehr sein dürftest. Irrtümlicherweise. War wohl abgelenkt von den männlichen Solidaritätsbekundungen, die Frauen in den letzten Jahren widerfahren sind. Du wirkst dagegen wie aus einer Zeit, als Männer noch Macker waren,

---

20 Boris Johnson, der angesprochene Premier, verließ erst das Amt, nachdem mehr als 50 MPs aus Protest gegen ihn zurückgetreten waren. Er entschuldigte sich in seiner Abschiedsrede für gar nichts.

Pilotenbrille trugen und Filterlose rauchten. Früher konnte man dich daher wenigstens leicht erkennen – und direkt umgehen, wenn man nicht gerade an einem Stammtisch saß oder auf dem Bolzplatz stand. Hatte man das Pech, in einem Meeting nur noch den Platz neben dir zu bekommen, war das irgendwann auch wieder vorbei. Stand man auf einer Hausparty zufällig in der Nähe, während du den CD-Player in Geiselhaft nahmst, um «endlich mal richtige Musik» zu spielen, ging man halt ein Zimmer weiter.

Heute scheinst du dagegen unvermeidlich. Muss daran liegen, dass du mehr Plattformen hast. In Talkshows. Bei Zwei-Männer-stimmen-einander-zu-Podcasts. Auf Twitter. In den Kommentarspalten. In denen besonders. Du bist Spezialist für Leitmedien. Ach was, du *bist* das Leitmedium. Der große Verfechter von «Das wird man ja wohl noch sagen dürfen». Typ «Man kennt mich für meine kontroversen Meinungen».

Die sind, im Gegenteil, oft bestechend einfallslos. Sport, Politik, Wirtschaft, da willst du dich besonders gut auskennen. Den Putin hättest du ganz anders unter Druck gesetzt. Für dich steht fest, dass die englische Fußballnationalmannschaft nie wieder Weltmeister wird, solang sie bei Standardsituationen per Spielverlagerung statt Manndeckung verteidigt. Den neuen Berliner Flughafen hättest du längst wieder abgerissen. Nebenbei: Hätten sich die Zuständigen des BER so am Gebäude abgearbeitet wie Leitartikler an seinen Mängeln – Problem gelöst.

Es kommt vor, und das ist vielleicht überraschender als all deine Überzeugungen, dass ich dir in manchem, nicht in vielem, aber eben in manchem zustimme. Will ich dir bei offensichtlichem Unfug widersprechen – schon möglich, dass die englische Fußballnationalmannschaft nie wieder ein Turnier gewinnt, aber nicht wegen der Spielverlagerung im Strafraum, denn die ist statistisch bewiesen effektiver als Manndeckung –, bist du längst beim nächsten Thema.

Daher habe ich die Briefform gewählt. Es ist ansonsten so schwer, mit dir ins Gespräch zu kommen. Oder hinterherzukommen, was alles falsch läuft und du richtig machen würdest.

Das Aufregende an dir ist schließlich, wie vielschichtig deine Expertise ist. Ich weiß das, weil du keine Gelegenheit auslässt, es mich wissen zu lassen. Wenn nicht online, dann im wahren Leben, was nach einigen Jahren der Kontaktbeschränkungen umso verhaltensauffälliger wirkt. Letztens, und ich wünschte wirklich, ich würde mir das nur ausdenken, fuhr ich mit meinem Kind in deinem Taxi mit. «Ihr Sohn. Kann der schon immer nicht richtig sprechen?» «Äh ...» «Haben Sie gestillt?» «Wie bitte?» «Sprache kann ein Problem sein bei Kindern, die nicht gestillt werden.» Aha. Ein paar Tage später standest du hinter mir in der Apotheke an. Ich lächelte, wie ich das unter Masken übertrieben höflich tat, um einen Moment der Freundlichkeit mit einem Mitmenschen zu teilen. Das, und das Impfbuch in meiner Hand, reichten als Aufforderung für einen minutenlangen Diskurs darüber, warum du zwar geimpft seist, aber «die Abschaffung der Grundrechte» hierzulande ein Skandal sei. Sag bloß. Am selben Tag im Fitnessstudio. Vor der Stunde erzähltest du der Trainerin, für alle hörbar, dass du auf einem Business Trip nach New York bei Jet-Set-Pilates warst, super intensiv sei das gewesen, du könntest die Übungen gerne mal zeigen. Mega, Jochen. Als dir in der Stunde dann die Puste bei einer Übung ausging, die nicht Jetset, sondern Holzklasse war, konntest du kaum noch «Geht nicht, Muskelkater, Box-Training gestern» röcheln. Wenn ich irgendwo ankomme, bist du meist schon da – im Büro, im Supermarkt, sogar, oh Schreck, bei Abendessen im eigenen Bekanntenkreis. Einige Klassiker aus deinem Repertoire: «Ich habe nichts gegen Frauen in Führungspositionen, aber ...», «Vor Jeff Bezos kann man nur Respekt haben», «Tempolimit? Niemals!».

In solchen Momenten des Zusammentreffens stelle ich mir vor, dich mit der Entschlossenheit einer Jackie Weaver auszuschalten. Das ist die Frau in ihren Sechzigern, die bei einer Zoom-Sitzung des Kirchengemeinderats von Handforth, Cheshire, im Dezember 2020 nach und nach die männlichen Teilnehmer aus dem Meeting schmiss, die ihr reinquatschten. «Lesen Sie die Geschäftsordnung! Lesen und verstehen Sie sie!», brüllte einer von ihnen. Und schon klickte Jackie ihn weg. «Sie wissen nicht, wovon Sie reden!» Tschüs. «Sie haben hier keine Autorität, Jackie Weaver!» Bye-bye.

Die Männer in dem Call sahen genauso aus, wie man sich dich vorstellt: weiß, mittleren Alters und mit dem Ausdruck unwidersprochener Selbsteinschätzung.

Fein, ich nehm's zurück. Das war ungerecht. Nahezu sexistisch. Manchmal bist du jünger als vierzig. Manchmal älter als sechzig. Du bist auch nicht immer ein Jochen. Man kennt dich auch als Ulf. Ingo. Klaus. Matteo, Tarek, Carlos, Steve. Manchmal bist du eine Frau, was dann umso auffälliger ist, aber selten. Frauen wissen, was man über sie sagt, wenn sie unprovoziert Ratschläge verteilen. Sie sind aggressiv, schwierig, verbissen. In deren Gesellschaft will niemand lang sein. Auch Frauen nicht.

Euch allen gemein ist, dass keiner von euch weiß, dass er ein Jochen ist. Nein, du denkst, du bist einer von den Guten. Und vielleicht stellst auch du dich nicht mehr selbstverständlich auf den Frauenparkplatz, obwohl der so schön nah am Eingang ist, lässt das letzte Stück vom Kuchen übrig, statt es dir selbstverständlich zu nehmen, oder hast, nachdem du alle Dokumentationen über Serienmörder auf Netflix durchhattest, kurz in das Stand-up-Programm von Hannah Gadsby über toxische Männlichkeit geschaut. Was stimmt: Es gibt Schlimmere als dich. Weitaus. Es gibt allerdings auch viele Bessere. Die es nicht überraschend fanden, als sie im Feuilleton lasen, dass Frauen in der Pandemie mehr Pflege- und Haushaltsarbeit verrichtet haben, sondern die in der Realität anpacken, ohne sich deshalb wie Märtyrer vorzukommen. Nur so als Beispiel. Das Wissen um diese Nicht-Jochens macht es umso ärgerlicher, dass du dich für einen von ihnen hältst.

Einer, der uns doch nur helfen will. Mir geht etwa der leitende, etwa gleichaltrige Redakteur nicht aus dem Kopf, der sein Feedback zu einem meiner Texte mit den Worten «Mensch, Mädchen» eröffnete und es nur gut mit mir meinte. Seine Textkritik war angemessen; die Anrede gewiss nicht. Vielleicht hätte ich ihm genau das sagen sollen. Habe ich aber nicht. So wie ich nie etwas gesagt habe, wenn ich das Gefühl hatte, damit den nächsten Auftrag, die gute Stimmung, den dankbaren Eindruck zu gefährden. Wenn ich nicht in den Konflikt gehen wollte, weil mir die Konsequenzen zu groß erschienen, denn ein Mann, der eine Frau in ihren Dreißigern mit Mädchen anspricht, ist eventuell nicht zum Zuhören bereit. Mein Fehler. Bestimmt hätten es all die blitzgescheiten Frauen, die ich in den letzten zwanzig Jahren als Kolleginnen kennengelernt habe, bei den wichtigen Leitmedien einfach nur länger aushalten müssen, statt stiller und stiller zu werden, um irgendwann zu gehen – und später festzustellen, dass all die Typen, die früher über ihre «Mädchenthemen» lachten, heute über sie schreiben, weil – Überraschung – sie interessant sind und gelesen werden. Und was hätte die Freundin tun sollen, die in einem Vorstellungsgespräch mal einem lupenreinen Jochen gegenübersaß, der sich äußerst gewitzt fand, als er ihren Lebenslauf mit dem Kommentar «ideale Ablage dafür» direkt in den Papierkorb warf?

Nicht nachtragend sein? Tja, so sind wir Frauen halt. Lachen? Machen wir auch, heute, wenn wir zusammensitzen und uns die alten Geschichten erzählen. Sonst müssten wir nämlich heulen. Denn diese Anekdoten sind einerseits Jahre her. Und andererseits bedrückend aktuell. Drüberstehen? Das hat uns auch keinen Platz auf der Bühne eingebracht. Jedes Mal, wenn wir beschlossen, dass du unter unserer Würde bist, wurde dein Platz da oben ein wenig größer. Noch immer hältst du ihn daher für deinen natürlichen Lebensraum. Da stehst du rum mit all den anderen Jochens, warm eingepackt gegen jeglichen Gegenwind in euren Daunenwesten. In letzter Zeit seht ihr allerdings etwas abgekämpft aus, mit heiserer Stimme und einer ungesunden Röte im Gesicht. Es muss aber auch belastend sein, über so viele Jahre alles besser zu wissen. Und es sind ja so viele Themen dazugekommen. Frauenquote, #MeToo, Genderdebatte, Black Lives Matter, Authority Gap, herrje. So viel Neues auf einmal zu verarbeiten, kann schwerfallen. Ich kann das nachvollziehen. Wenn sich die Dinge schneller ändern, als man aufholen kann, kommt man sich plötzlich alt vor, so alt, wie man früher nie sein wollte, als man Haltungen wie Jeans anprobierte. Doch du trägst deine auf wie einen Anzug, der zuletzt 1997 gut saß. An der alten Garderobe festzuhalten, macht allerdings noch viel älter, Jochen. So wie Zornesfalten. Wird dir jede Frau bestätigen. Wir kriegen das nämlich ständig zu hören. Unter anderem von dir.

Weißt du, was man tun kann, wenn man meint, nicht mehr Teil der Unterhaltung zu sein? Erst mal nichts sagen. Außer vielleicht: «Keine Ahnung, kenne ich mich nicht mit aus, muss ich mich erst mal besser drüber informieren.» Das gibt einem die Gelegenheit, sich mit einem Thema auseinanderzusetzen. Es ist um einiges leichter, etwas falsch zu finden, als etwas daran zu ändern. Stichwort: Patriarchat – Frauen beschäftigen sich täglich damit und haben bislang nicht aufgegeben, daran zu glauben, dass ein Systemwechsel guttäte. Obwohl du ja meinst, dass das mit dem Feminismus jetzt auch mal gut sei. Sind wir damit nicht langsam durch? Nein, Jochen, noch nicht vollständig.

Und irgendetwas sagt mir, dass wir, bis es so weit ist, noch einiges vor uns haben, du und ich. Was genau? Deine Stimme. Denn, ach, da ist sie wieder. In einem Zwei-Männer-Podcast, mit der Aussage, die gendergerechte Sprache sei eine «unästhetische Korrektur», die für dich nicht nötig sei (DICH HAT SPRACHE AUCH NIE AUS-GESCHLOSSEN!). Und dort, mit einem journalistischen Kommentar zu Annalena Baerbock, «die junge Dame», die sich im Helm scheinbar unwohl fühlt (SIE IST IN IHRER FUNKTION ALS AUS-SENMINISTERIN IN EINEM KRIEGSGEBIET, NICHT IN EINEM WELLNESSBEREICH!). Und hier, mit einer Anmerkung zu einem Artikel über Body Positivity. «[...] Schaut, dass ihr ein Ziel im Leben und ein Standing in der Gesellschaft bekommt. Viele Grüße von einem entspannten Mann, der alles isst, Essen genießerisch wertschätzt, manchmal auch zuviel (*sic*) isst und zuviel (*sic*) Geschwätz über Äußerlichkeiten ablehnt.» (HALT ENDLICH DIE KLAPPE, JOCHEN! UND LERN RECHTSCHREIBUNG).

Mann, jetzt bin ich doch laut geworden. Dabei, denke ich mir oft, lohnt sich das Aufregen ja nicht, denn wenn eine Meinung verklungen, ein Abendessen beendet, eine Taxifahrt überstanden ist, bretterst du schon mit der nächsten Ansicht um die Ecke.

Etwas gibt es jedoch, das mir dabei hilft, mich zu beruhigen. Nicht Yoga, ehrlich, seitdem du dich auch noch mit Achtsamkeit auskennst, ist es mit dir fast gar nicht mehr auszuhalten. Nein, es ist die Vorstellung, für einen Moment Jochen zu sein.

Dann würde ich auf dem Bürgersteig nicht mehr selbstverständlich beiseite gehen, wenn mir jemand entgegenkommt. Probiert eine Freundin gerade viel aus. Sie wird dabei zwar ständig von Jochens angerempelt, die überrascht sind, dass sie nicht automatisch freie Bahn haben, aber noch mal: Veränderung kann ein schmerzhafter Prozess sein. Ich würde meine Kollegen ab sofort Jungchen nennen, stünde als Erste an der Klimmzugstange im Park und würde jeden männlichen Kommentar zu den Vorzügen des Stillens mit einer ähnlich unqualifizierten Meinung entgegnen wie: «Interessant. Und wusstest *du*, dass breitbeiniges Rumstehen zu Erektionsproblemen führt?» Ich würde über meine eigenen doofen Witze am lautesten lachen. Ich käme aus dem Lachen gar nicht mehr raus, weil ich fair bezahlt und ständig befördert werden würde, weil ich im Dunkeln rausgehen könnte, ohne Angst zu haben, und anziehen könnte, was ich will, ohne dass das als Einladung verstanden wird.

Als Jochen würde ich selbstverständlich auch davon ausgehen, dass du diesen Text gelesen hast. Heimlich, damit die Ehefrau es nicht mitkriegt, aber das kann unter uns bleiben. Jetzt, da ich mich in deinem Leben ein wenig umgeschaut habe, möchte ich dir noch ein paar Dinge mit auf den Weg geben. Dafür, dass es in letzter Zeit vermehrt Beschwerden gab, dass es in Wahrheit die Männer sind, die unfair behandelt werden, sagen die Zahlen etwas anderes. Die werden so oft aus Sicht der Frau gezeigt. Ich habe das in anderen Kapiteln in diesem Buch auch getan. Lass sie uns zur Abwechslung aus Perspektive der Männer betrachten. In Deutschland verdienen Männer im Durchschnitt 18 Prozent mehr als Frauen. Lediglich jeder zehnte Mann der abhängig Beschäftigten arbeitet in Teilzeit. Kannst du dir vorstellen, woran es liegt? Weil sie für Vollzeit die Zeit haben. In heterosexuellen Partnerschaften mit Kindern verrichten Männer doppelt so wenig der unbezahlten Haus- und Care-Arbeit. Falls sie Elternzeit machen, können sie problemlos wieder in ihren Beruf einsteigen und landen nicht fast vollautomatisch in der Teilzeit. Sie fallen öfter die Karriereleiter nach oben. Laut Statistischem Bundesamt waren im Jahr 2020 72 Prozent der Führungspositionen von Männern besetzt. Durch die Quotenregelung hat sich daran bislang nur minimal etwas geändert.

Sagen wir, du und die anderen Männer wollen das gar nicht alle. Erster sein. Oben stehen. Macht ausüben. Geben wir das Zugeständnis, dass euch etwas fehlt, obwohl ihr immer alles bekommen habt. Einigen wir uns darauf, dass die patriarchale Gesellschaft nicht nur Frauen kleinhält, sondern kaum andere Männlichkeitsbilder zulässt als das des malochenden Mansplainers, der nur dafür gut ist, das Geld ranzuschaffen, seinen Frust darüber in Foren ergießt und in Pils ersäuft. Warum hat sich dann noch nichts an diesem Bild geändert? Warum sind die viel besprochenen Männerbewegungen der letzten Zeit keine von Gleichberechtigung, sondern solche, die vehement dagegenhalten, von Alphas über eine sexistische Bro Culture bis zu den Incels, der *involuntarily celibate men*, unfreiwillig sexuell abstinente Männern, die durch ihre gefühlte Ablehnung von Frauen und den dadurch entstehenden Hass auf dieselben so radikalisiert werden, dass sie, wie in Halle oder Toronto oder Plymouth, Menschen erschießen? Warum wird in Deutschland jeden dritten Tag eine Frau durch ihren (Ex-)Partner getötet? Weil die Männer alleingelassen wurden? Weil man ihnen, die oft am lautesten gebrüllt haben, nicht gut genug zugehört hat? Weil sie zu oft kritisiert wurden?

Ich sehe ein, dass es wie ein weiter Gedankensprung wirkt von ein bisschen Beleidigtsein, als alter weißer Mann bezeichnet zu werden, bis zu Femizid, aber ich erinnere an dieser Stelle gerne noch einmal an etwas, das Hannah Gadsby in ihrem Netflix-Special *Nanette* sagt: «If you can't handle the criticism, take a joke, or deal with your own tension without violence you have to wonder whether you are up to the task of being in charge.» Wenn du die Kritik nicht aushalten, keinen Spaß verstehen oder mit deiner eigenen Anspannung umgehen kannst, ohne gewalttätig zu werden, dann frag dich, ob du überhaupt das Sagen haben solltest.

Es ist nicht so, dass Frauen komplett das Interesse am Zuhören verloren haben. Es fiele uns nur sehr viel leichter, wenn du dich in angemessenen Intervallen hinterfragen würdest. Glaub mir, es ist gar nicht so schwer. Ich bin dabei, ein ganzes Buch mit meinen Meinungen zu füllen. Die Selbstzweifel, die ich deshalb aushalte, würden dich vermutlich umbringen. Interessanter Fakt aus meiner Recherche: Frauen leben im Durchschnitt fünf Jahre länger als Männer. Wahrscheinlich hält uns der ständige Tanz, niemandem auf den Schlips zu treten, so fit.

Auch die Meinungen, die dabei herauskommen, wenn man einmal kurz über sich nachgedacht hat, können Quatsch sein. Kommt selbst unter Frauen vor. Nur sind die Konsequenzen für sie oft gar nicht lustig. Und wo wir schon mal bei Quatsch sind: Es ist Blödsinn, dass Frauen es geradezu darauf anlegen, Jochens ständig in Shitstorms zu verwickeln. Dafür, denn wir Frauen können ja sehr zielstrebig sein, müssten Shitstorms mehr bringen als lasche Entschuldigungen, die nicht gegeben werden wollen. Mir wäre lieber, wenn du dich von vornherein darum bemühen würdest, weniger Mist zu bauen. Nur frag uns bitte nicht, wie du das anstellen sollst, wir haben genug damit zu tun, unseren Söhnen mehr mitzugeben als die Annahme, dass sich schon immer jemand um sie kümmern wird, und sie zu respektvollen und empathischen Menschen zu erziehen. Darüber hinaus sind wir, nach einigen Jahrtausenden der Bevormundung auch einfach etwas erschöpft.

Überleg dir selbst was. Horch in dir nach. Hol dir bei anderen Männern Rat. Helft euch gegenseitig. Eine Art neue Bruderschaft könnte euch guttun. Nicht im Sinne der Boys' Clubs, in denen Beförderungen, Busenwitze und Fußballbesserwisserei weitergereicht werden, sondern im Sinne einer emotionalen Support Group. Wenn du wirklich kein Jochen sein willst, dann würdest du andere Jochens öfter mal beiseitenehmen, um etwa sagen: Man pfeift Frauen nicht auf der Straße hinterher. Spar dir die Witze über Jungs, die Rosa tragen. Und was sollte das eigentlich neulich auf Twitter, als du eine *Sendung mit der Maus* über trans Menschen als ideologisch-sexualisierte Früherziehung mit Zwangsgebühren bezeichnet hast. Digger, musst du dich kurz hinlegen?

Frauen wären absolut bereit, dir diese Ruhe zu geben. Wir haben das

bereits in unserer eigenen emotionalen Support Group besprochen.
Da bist du, es wird dich vielleicht freuen, oft Thema, wenn wir uns
am Ende eines langen Tages einen Humpen Zinfandel einschenken
und zum Telefon greifen: «Wir müssen dringend besprechen, was
wir in Zukunft mit der ganzen Jochen-freien Zeit machen!» Wir
– oder: die von uns, die das wollen – könnten die Positionen als
Meinungsmacherinnen, Führungskräfte und Besserverdienerinnen
zwar sofort übernehmen, machen das aber auch erst mal interims-
mäßig, damit du keine allzu große Angst vor der Bedeutungslosig-
keit haben musst. Mit der kennen gerade wir alternden Frauen uns
hervorragend aus. Frag uns sonst einfach mal danach.

Denn Frauen können noch so viele Ratgeber von anderen Frauen
studieren, wie man besser verhandelt, sich Fist Bumps geben, weil
Länder, die von Frauen geführt werden, besser durch die Pandemie
gekommen sind, oder Bilder liken, auf denen eine Abgeordnete im
Europäischen Parlament ihre kleine Tochter mit zur Arbeit bringt,
um *eine* Lebensrealität arbeitender Mütter sichtbar zu machen. Sie
können sich noch so oft das Mantra «Jacinda Ardern, Malala Yousaf-
zai, Luisa Neubauer» vorsingen. Können Lizzo auf volle Lautstärke
drehen. Können sich gegenseitig aus Sarah Coopers komödianti-
schem Standardwerk *Wie du erfolgreich wirst, ohne die Gefühle von
Männern zu verletzen* vorlesen. Sie können Annalena Baerbock zu-
prosten, wenn sie auf das Angebot des russischen Außenministers
zum Wodkatrinken, um ihre Stärke zu demonstrieren, entgegnet:
«Härtetest? Ich habe zwei Kinder geboren.» Sie können noch so viel
gendern, denn wenn es beispielsweise stimmt, dass Mädchen sich
dann mehr zutrauen, ist es das wert. Hoffnung schöpfen aus einer
neuen Generation, die Geschlechterrollen nicht beeindruckt. Es
wird nicht reichen.

Jochen, wir brauchen *dich. Du* musst mitmachen. Ohne dich wird es
sehr viel schwerer. Ich habe dir ja nicht geschrieben, weil du noch

mehr Aufmerksamkeit brauchst, sondern wir deine. Es wird sich bei Weitem nicht alles lösen lassen, weil du dich für uns zurücknimmst. Aber es wäre ein Anfang. Wenn du zulässt, dass du nicht alles weißt, kannst, verdienst, lässt du mehr Platz für uns. Dann würdest du uns helfen, wenn es tatsächlich das ist, was du willst. Es wäre, um einen deiner Lieblingsausdrücke zu verwenden, ein Boss Move.

Was uns nämlich bevorsteht, wenn es so weitergeht, ist zu deprimierend. Ich würde gerne mit guter Stimmung enden, wie es in meiner weiblichen Natur liegt, aber es bleibt mir nichts anderes übrig, als zum Schluss noch eine weitere Zahl mit dir zu teilen: Laut Global Gender Gap Report 2021 des World Economic Forum wird es durchschnittlich noch 135,6 Jahre dauern, bis Frauen und Männer weltweit Parität erreichen. Vorausgesetzt, es gibt keine Rückschritte, wonach es in letzter Zeit stark aussah, in der Kriege und Krisen auf den Körpern von Frauen ausgetragen werden. Das sind 36 Jahre mehr als vor der Pandemie. Eine ganze Generation. Bis es also so weit ist, dass Frauen in Wirtschaft, politischer Macht oder Bildungschancen gleichberechtigt sind, mit einem besseren Leben *für alle*, wäre ich 177 Jahre alt.

Sorry, aber das kommt mir unverhältnismäßig lang vor, um darauf zu warten, dass du uns endlich zu Wort kommen lässt.

Herzlich,
Marlene

WIE STEHT'S UM UNS?

Über Solidarität unter Frauen und die Notwendigkeit,
einander den Rücken frei zu halten

Während wir auf Jochen warten, ruhen wir uns doch ein wenig aus. Das haben wir verdient. Wir werden die Welt zwar nicht allein verändern, aber wenigstens können wir uns aneinander anlehnen und bestärken. Ich werde jedenfalls regelmäßig auf Events zum gegenseitigen Empowerment eingeladen. Falls meine Einladungen beispielhaft sind, finden diese Treffen vor allem beim Brunch statt. Ein erfreuliches Zeichen, dass wir es hinter uns gelassen haben, beim Essen unentspannt zu sein. Vorbei die Zeiten, in denen eine Frau der anderen scheel auf die Größe der Portion schaute. Nein, kein Futterneid mehr. Wir gönnen einander. Zickenterror? Längst als Klischee abgefrühstückt. Stattdessen servieren Frauen sich gegenseitig ständig wundersame Dinge. Gab es je ein umfangreicheres Angebot an Periodenunterwäsche? Es gibt Pornos von Frauen für Frauen, Finanz-Coachings, Fitness-Bootcamps, rein weibliche Musikfestivals, Buchverlage und, natürlich, Podcasts. Frauen nutzen ihre Reichweiten, um toxische TikToker aufzudecken, organisieren sich in Female Communities und tun sich zusammen, um Petitionen vor den Bundestag zu bringen wie die für eine bessere Absicherung selbstständiger Mütter. Das ist doch was!

Es könnte allerdings noch viel besser sein. Wäre da nicht diese eine Frau. Ihr wisst, welche ich meine. *Die.* Die sich als Fair-Fashion-Unternehmerin feiern lässt, bei allem Altruismus aber in den Urlaub nach Mallorca fliegt, statt das 9-Euro-Ticket an die Mecklenburgische Seenplatte zu nehmen. Geht gar nicht!

Und was ist mit der prominenten Politikerin, die andauernd zum Klimaschutz mahnt? Solang die nicht vegan lebt, lass ich mir von der gar nichts sagen. Am besten, ich teile das direkt in einer Instagram Story, in der ich sie eine grüne Tonne nenne. Sie trägt nämlich nicht Größe 36. Und ist von den Grünen. Haha.

Sehr enttäuschend allerdings die Sängerin, die mit ihrem neuen Album eine neue Figur vorgestellt hat. Beeindruckende Stimme, aber als Dicke war sie ein besseres Vorbild.

So richtig nervt auch die Autorin, die Selbstbestimmung zu ihrem Thema gemacht hat. Die hat doch sicher geerbt. Anders kann sie sich ihre Überzeugungen gar nicht leisten.

Schön und gut dieser ganze Aktivismus, aber die jungen Feministinnen wollen zu viel, jetzt auch noch ständig mehr Rechte für trans Menschen. Wissen die denn nicht, was sie am Gleichstellungsgesetz haben?

So weit ein kleiner, aber unfeiner Überblick darüber, wie sich Frauen unbeliebt machen. Durchaus auch bei Männern. Sobald eine Frau ein Profil hat, was sich heutzutage eben online am leichtesten bewerkstelligen lässt, lädt sie die Trolle auf Instagram, TikTok oder Twitter unvermeidlich mit ein. So – einige Geschädigte werden sich erinnern – wie damals das Album von U2, das plötzlich in der iTunes-Bibliothek erschien, ob man es nun hören wollte oder nicht. Das konnte man mit etwas Geschick wieder entfernen. Online kommt man mit dem Blockieren von Accounts gar nicht so schnell hinterher, wie der nächste anfängt rumzutönen, wenn sich eine Frau seiner Meinung nach zu viel erlaubt hat und daher zurechtgewiesen werden muss.

Was in den eben erwähnten Beispielen passiert, ist, dass eine Frau *zu wenig* geleistet hat. Aus Sicht anderer Frauen. Egal, welche App man gerade öffnet: Es gibt mehr davon. Die behinderte Frau mit großer Followerschaft, die nicht häufig genug über ihre Behinderung spricht; die Moderatorin, die sich schneller von einem Interview hätte distanzieren sollen, in dem ihre Gesprächspartnerin ein ausgemachter Dummkopf war; das Model, das offen über Erfahrungen mit sexueller Belästigung schreibt, aber eben doch weiterhin ihren Körper nutzt, um damit Geld zu verdienen; die Frauen, die eine mehrtägige Konferenz für Frauen organisieren, das aber unter anderem von einem Lebensmittelhersteller sponsern lassen, der vor allem Fleisch serviert. Dieses Ereignis liegt schon einige Jahre zurück. Ich persönlich finde es nach wie vor lustig, dass bei einem Event, bei dem kaum Männer zugegen waren, trotzdem Körbe voller Würstchen rumstanden. Aber okay. Meine Art von Humor. Muss man nicht teilen.

Muss man dagegen teilen, dass das Sponsoring ein Totalversagen war? Es gab damals einige, die es taten, und zwar laut. Denn, darauf kann man sich verlassen: Sobald sich eine Frau in einer bestimmten Sache auf eine bestimmte Weise verhält, findet sich sicher eine andere Frau, die nicht nur ein Problem damit hat, sondern absolut kein Problem, öffentlich zu machen, wie enttäuscht, verletzt und ausgeschlossen sie sich von der anderen fühlt. *J'accuse!*

Natürlich, es gibt Frauen, an denen etwas auszusetzen ist. Schon im Sinne der Gleichberechtigung sollte man all jene kritisieren, die es verdient haben, weil sie Hass, Diskriminierung und Misogynie verbreiten. Feminismus ist kein Freifahrtschein für alle Frauen. Doch oft sind es ausgerechnet die, die wenig bis gar nicht von einem grundsätzlichen Verständnis gleicher Werte abweichen, die extra scharf angegangen werden. Nicht mit Kritik, sondern mit Groll. Keine Diskussion, viel Geschrei. Die eine Seite stimmt der anderen Seite zwar in vielem zu. Nur eben in dieser einen Sache nicht. Die eine Sache, in der diese Frau versagt hat, weil sie damit eine andere Frau nicht berücksichtigt hat.

Was im Einzelfall nicht weiter auffallen würde, nur kommen

die Aufreger eben ständig vor. Zudem wird vom individuellen mut-maßlichen Versagen oft direkt darauf geschlossen, dass von dieser einen Person das gesamte Team Frau blamiert wurde. Was dann nicht nur auffällig ist, sondern ziemlich befremdlich.

Obwohl es erklärbar ist. Ist man gnädig, dann findet man die Er-klärung darin, dass es schlicht noch nicht genug unterschiedliche Frauen gibt, die eine Plattform haben. Damit steigen die Ansprüche an diejenigen, die eine haben. Sie werden zur Klassensprecherin gewählt, obwohl sie sich nie dafür aufgestellt haben. Sie vertreten uns alle und müssen damit auch die Belange aller im Blick haben, sonst taugen sie nicht zum Vorbild.

Wenn man zudem auch noch realistisch ist, fällt auf, dass man nicht mal mit den engsten Freundinnen in allem übereinstimmt. Das kann im Zusammensein zu Irritationen führen, aber was wäre die Alternative? Die Frauen austauschen? Das wiederum scheint mir unrealistisch, wenn nicht gar unnötig. Ich mag meine Freundin-nen. Ich mag sogar ziemlich viele Frauen. Und bei denen, bei denen es nicht so ist, denke ich an etwas, dass die Feministin Laurie Penny gesagt hat: «Wir müssen einander nicht mögen. Aber wir sollten einander den Rücken frei halten.»

Doch der Vergleich der Freundschaft mag falsch gewählt sein, denn so wie wir im Netz miteinander umgehen, würden wir uns im Privaten nie verhalten. Andererseits: Vielleicht ist der Vergleich da-her genau richtig gewählt, denn man muss sich nur mal vorstellen, wie das wäre, wenn eine Vertraute einem ins Gesicht sagen würde, was sie einer Influencerin in die Kommentare knallt: «Dein Hoch-zeitskleid ist so abgeschmackt und billig, dass du sicher bald wieder geschieden bist. Eine Scham für deine Familie. Hure!»

Ein triviales Beispiel, absichtlich gewählt. Denn die Frau, deren Kleid einer anderen nicht in den Kram passt, führt zur gleichen Entrüstung wie die vermeintlich mangelnde Body Positivity einer

weiteren Frau wie die scheinbar fehlende Transparenz beim Reise-
verhalten einer dritten wie die ausbleibende Positionierung einer
linken Feministin gegenüber der Äußerung einer anderen linken
Feministin. Alles wird gleich bewertet, alles gleich abgestraft. Wobei, um auf das Kleid zurückzukommen, eine transparente Spitzen-
robe kein Verbrechen ist. Der Fall entblößt lediglich, wie sexistisch
andere Frauen gegenüber ihresgleichen sein können.

Bizarrerweise ist das Argument derer, die von dem Standpunkt
ihres persönlichen Empfindens heraus anklagen: Die Empfängerin
soll das nicht persönlich nehmen. Wer ein Publikum hat, muss alle
Stimmen aushalten können.

Die Tatsache, dass es erstaunlicherweise noch genügend Frauen
gibt, die sich nicht einschüchtern lassen, spräche für dieses Argument. Sie nehmen es offenbar nicht persönlich und sich hoffentlich
auch nicht zu Herzen. Sie akzeptieren, dass der Preis für die Di-
stanzlosigkeit des Internets, durch die man viel Nähe zu anderen
aufbauen kann, ist, dass einem viele zu nahe treten. Sie machen
weiter. Doch der schrille Ton bleibt hängen. Und es bleibt hängen
bei denen, die zuschauen, dass man es nach den sich ständig än-
dernden Maßstäben anderer perfekt machen muss oder sonst halt
gar nicht. Was bleibt, ist Zynismus. Auf allen Seiten. Es mag sein,
dass sich die Klägerinnen genau das davon versprechen. Ich wüsste nämlich nicht, wozu die Anschuldigungen sonst gut sein sollen.
Sicher nicht, um die andere für sich zu gewinnen. Denn hat in der
Geschichte des Internets je jemand jemand anderen durch Vorwürfe überzeugt?

Was bleibt ist, dass es unter Garantie genauso viele, wenn nicht
mehr Frauen gibt, die es nicht in Kauf nehmen wollen, sich dem
auszusetzen. Denn irgendwo da draußen wartet nur jemand darauf, eine Haltung auseinanderzunehmen, eine Idee zu torpedieren
oder in die Facebook-Bildarchive einzusteigen, um ein kompromit-

tierendes Bild von 2005 zu finden – und, seien wir ehrlich, wessen Bilder von 2005 sind nicht kompromittierend? –, als Beweis, dass der Charakter einer Frau verhandelt werden muss.

Mein erstes Buch handelte von Mode. Ich habe es vor noch nicht allzu langer Zeit geschrieben. Aus meiner jetzigen Perspektive habe ich das Ziel, das ich damit hatte, nicht erreicht. Ich wollte über Mode auf Augenhöhe erzählen und habe dabei einige Frauen übersehen. Was ich heute über das Buch denke, ist aber nicht: Hättest du es mal besser gar nicht geschrieben. Es ist – wenn ich das über mein eigenes Werk so sagen darf – nicht ganz, aber größtenteils gelungen. Was ich auch denke, ist, dass ich danach glücklicherweise weiterschreiben konnte. Nicht nur nach dem Buch, sondern auch nach so einigen Artikeln, die ich zu Anfang meiner Laufbahn verfasst habe und die ich inzwischen auf eine nonchalante Art überheblich finde, die mich ärgert. Aus dem Weiterschreiben konnten sich neue Haltungen ergeben. Kurz nach dem Erscheinen meines Buches veröffentlichte eine mir bekannte Autorin einen Post auf Instagram, in dem sie den Mangel an repräsentierten Körperformen kritisierte. Hat's mir gefallen? Nicht sonderlich. Aber sie hatte recht. Ich bin ihr dankbar dafür. Vor allem für die Art der Kritik, die sachlich und fundiert war. Vielleicht war mein Versäumnis für Stürme der Entrüstung nicht groß genug. Oder ich nicht bekannt genug. Vielleicht. Vielleicht war es auch einfach endlich mal ein Vorteil, dass ich mich nie auf Twitter angemeldet habe.

Aber mein Buch ist nicht der Punkt.

Doch, es *ist* der Punkt. Es war eine Sache, die ich mich getraut habe. Und wenn es schon für ein Modebuch über Trenchcoats und T-Shirts ein wenig Mut braucht, was braucht es dann erst, um mit wirklich weltbewegenden Ideen da rauszugehen? Unterstützung. Den Rücken freigehalten zu bekommen, wie Laurie Penny sagt. Und wenn nicht durch Anfeuern, was ja absolut zulässig ist, wenn man von einer Sache nicht überzeugt ist, dann, indem man die Frau erst mal machen lässt.

Denn wenn wir ständig darüber nachdenken, was wir falsch machen könnten, traut sich keine mehr, es zu versuchen, und dann bleiben wir da, wo wir jetzt sind – wovon am Ende vor allem Jochen etwas hat. Je öfter man es versucht, desto mehr Themen kommen in die Welt, die vorher nicht da waren. Je mehr Themen, desto größer die Wahrscheinlichkeit, dass man eins davon hundertprozentig unterstützen möchte. Und wenn es dieses Thema, diese Frau, noch nicht gibt, dann hat man vielleicht den Mut gewonnen, selbst damit rauszugehen. Sie selbst zu sein. Weil man zwar weiß, dass man es nicht perfekt machen wird, aber ziemlich gut. In dem Vertrauen, dass man scheitern darf. Oder Erfolg hat. Denn auch das ist ja möglich. Mit der Unterschriftenaktion, dem Businessplan, dem Netzwerk, dem Lied, dem Produkt oder der brillanten Ideen für noch bessere Periodenunterwäsche.

Das wäre wahres Empowerment. Von mir aus können wir das auch beim Brunch besprechen. Wobei ich eine Mahlzeit, die Frühstück, Mittagessen und Abendbrot in einem sein und damit alle zufriedenstellen will, überbewertet finde. Meine persönliche Meinung.

VERMUTLICH UNLÖSBARE FRAGEN

Über das, worauf es auch mit vierzig Jahren
keine Antwort gibt

Warum stehe ich im Bad?

Wozu besitze ich Bürsten für fünf verschiedene Frisuren,
obwohl ich seit Jahren keine davon trage?

Warum steht die Vorstellung davon, wie man mit einem
Pony aussähe, im umgekehrt proportionalen Verhältnis
dazu, wie man in der Realität mit einem Pony aussieht?

Und warum denke ich trotzdem verblüffend oft darüber
nach, mir einen Pony zu schneiden?

Wie konnte ich meinen Augenbrauen das in den Neunzigerjahren nur antun?

Wer hat die ganzen Duftkerzen gekauft?

Selbst wenn ich verstünde, was der rückläufige Merkur ist –
würde es mein Leben entscheidend verändern?

Was, wenn nicht alles im Leben aus einem Grund passiert?

Wenn man weder ein Katzenmensch noch ein Hun-
demensch ist, was für ein Mensch ist man dann?

Nudeln – wie kocht man die richtige Menge?

Warum hat man entweder zu viele oder zu wenige Versicherungen?

Wäre man glücklicher, wenn man mehr oder weniger Ratgeberliteratur lesen würde?

Google – ist es die Unannehmlichkeit der totalen Überwachung wert, dass man dafür Fotos von Ben Affleck und Jennifer Lopez «Früher» und «Heute» suchen kann? (Ich tendiere zu Ja.)

Wieso schmeckt das Essen von seinem Teller besser?

Wie viel Zeit unserer Ehe werden wir noch damit verbringen, «Was hast du gesagt?» zu fragen, bevor wir aufhören, immer genau dann zu einem weiteren Satz anzusetzen, wenn der oder die andere gerade das Zimmer verlassen hat?

Wäre sein Niesen, Husten, Schnaufen, Räuspern und Schnarchen genauso laut, wenn ich nicht da wäre, um es zu hören?

Soll ich ihm ehrlich sagen, wie viel der Mantel gekostet hat?

Was lohnt sich mehr: einen weiteren Newsletter für zehn Prozent Rabatt zu abonnieren oder der Zeitgewinn, nicht täglich Newsletter zu löschen?

Toffifee oder Choco Crossies?

Warum ist immer das letzte Glas Wein schlecht?

Wie hieß noch gleich ... ach, ihr wisst schon, dieser Schauspieler in diesem Film ... warte, ich komm gleich drauf ... der damals auch in dem anderen Film mitgespielt hat ... na, der halt?

Warum gehe ich nicht um 22 Uhr ins Bett, statt noch eine Folge und noch eine Folge und noch eine allerletzte Folge der Krankenhausserie zu gucken?

Werde ich jemals zu alt sein, um auf die Rolle des engagierten, aber komplizierten Chefarztes mit attraktiven Grübchen reinzufallen?

Warum fallen mir die besten Repliken allein unter der Dusche ein und nicht in der Unterhaltung, wenn ich sie tatsächlich gebrauchen kann?

Kann man wirklich zu viel nachdenken?

Wie gut ist mein eigener Rat, wenn ich ihn selbst nicht befolge?

Wo ist der brillante Gedanke, den ich kurz vor dem Einschlafen hatte und nicht aufgeschrieben habe?

IST DAS NORMAL?

*Über die Wechseljahre. Ja, es ist
wirklich schon so weit.*

Ich bin entsetzlich müde.
Und völlig aufgescheucht.
Kann mich auf nichts richtig konzentrieren.
Werde aber auch ständig abgelenkt. Was will mein Mann
denn jetzt schon wieder? Nein, ich habe keine Ahnung,
wo *wir* das Rostschutzmittel hingestellt haben, das *du* das
letzte Mal benutzt hast.
Ist ihm klar, dass er den ganzen Tag flötet?
Wenn er noch einmal, auch nur ein einziges Mal, den
Titelsong von *Paw Patrol* pfeift, schmeiße ich ihn raus. Ich.
Schmeiß. Ihn. Raus!
Was? Ob ich was gesagt habe? Nein, nichts weiter. Alles gut.
Außer, dass mir speiübel ist. Ich kann heute nichts zum
Mittag essen.
Außer ein ganzes Glas Erdnussbutter. SOFORT!
Oh Gott, ogottogottogott, ich esse Erdnussbutter direkt aus
dem Glas. Alles ist verloren. Alles. Mein Tag. Dieses Leben.
Die Welt.
Was ist denn das da auf Instagram? Ein Video mit Kätzchen.
Ogottogottogott! Alles ist wundervoll! Alles! Mein Tag!
Dieses Leben! Die Welt!
Sollten wir eine Katze anschaffen? Mein Mann liebt sie. Ich
liebe meinen Mann. Buhuhuuuu. Huhuhuuuu. Uh.
Was? Warum ich weine? Kein bestimmter Grund. Alles gut.

Außer, dass meine Brüste gefühlt kurz vorm Platzen sind.
So groß waren sie zuletzt, als ...
Warum starrt er auf meine Brüste? Lass mich in Ruh! Ich esse andauernd Erdnussbutter aus dem Glas, habe sieben Kilo zugenommen, und bin NICHT in Stimmung.

Wann hatte ich meine letzte Periode? Vor ... zwei Monaten! Wieso ist mir das nicht aufgefallen? Oh Gott. Ogottogottogott. Ich habe die Tage nicht in der Menses-App notiert, sondern in meinem Arbeitskalender.

Ich machte einen Test. Negativ. Was war dann mit mir los? Ich ging in die offene Sprechstunde meiner Frauenärztin, denn der nächste Termin wäre erst in drei Monaten frei gewesen, und berichtete ihr von den Gefühlsschwankungen, der bleiernen Müdigkeit, den schmerzenden Brüsten, der ausbleibenden Blutung.

«Frau Sørensen, willkommen in den Wechseljahren.»

Beinahe hätte ich gelacht. Welche Frau bildet sich denn ein, noch mal ein Baby produzieren zu können, während in Wahrheit schon der Abspann ihres reproduktiven Lebens läuft? Eine Anfang vierzig, die körperlich Ähnliches erlebte wie im ersten Trimester der Schwangerschaft. Ausgeschlossen war ein erneuter Kinderwunsch nicht, nur stellten meine Eierstöcke langsam ihre Produktion ein, der Eisprung kam unregelmäßiger und, wie sich an meinen Hormonwerten ablesen ließ, im Monat meines Besuchs bei meiner Ärztin gar nicht. Als sie mit den Ergebnissen der Blutuntersuchung anrief, machte ich mir Notizen über Östrogen- und Progesteronwerte und musste im Gespräch mehrmals nachhaken, als Begriffe wie Perimenopause und Menopause fielen. Ich kam mir vor wie bei einer Nachhilfestunde in Sexualkunde. Mit dem Unterschied, dass damals im Biologieunterricht zwar der Zyklus ein Thema gewesen war, die Wechseljahre, soweit ich mich erinnern konnte, hingegen nicht. Nein, ich war mir sogar sicher, dass man mir als Jugendliche nichts darüber erklärt hatte, auch wenn ich den Begriff vielleicht schon einmal gehört hatte.

Ein Begriff, der weiterhin geläufig ist, aber meist missverstanden wird, auch von mir: Die Wechseljahre beschreiben nicht etwa die Menopause, die lediglich einen Tag lang dauert, der letzte Tag der letzten Menstruation, sondern auch die Peri- und Postmenopause, in denen die Hormonumstellung langsam beginnt, dann gewaltig an Fahrt aufnimmt und schließlich ausklingt. Der Streckenabschnitt, auf dem ich mich befinde, die Perimenopause, umfasst zwischen vier und zehn Jahren vor der Menopause. In dieser Zeit wird die Fluktuation der Sexualhormone stärker. Ist in Bezug auf die Wechseljahre oft von Östrogenmangel die Rede, können die Werte zu Anfang der Perimenopause steigen, was beispielsweise zu den eingangs beschrieben Brustspannungen führt. Im Lauf der Zeit, wenn die Eizellen immer seltener gebildet werden, nimmt Östrogen, das in der ersten Zyklushälfte dafür sorgt, dass das Follikel heranreift, ab bei einem gleichzeitig sinkenden Progesteronspiegel, ein Gestagen, das bei der Umwandlung der Eizelle in den Gelbkörper entsteht. Mit den schwankenden Hormonen kommt es zu Wechseljahresbeschwerden wie Hitzewallungen und Schweißausbrüchen, Schlafstörungen, depressiven Verstimmungen, Konzentrationsschwäche, Herzbeschwerden, Gelenkschmerzen, Hautirritationen wie Rosazea und trockener Haut, die Schleimhaut inklusive. Ein Drittel aller Frauen ist stark betroffen, ein Drittel mäßig und ein Drittel wiederum spürt wenig davon, dass der Körper in dieser Zeit eine zweite Pubertät erfährt.

Laut der Deutschen Menopause Gesellschaft sind aktuell über zwanzig Muster bekannt, wie die Perimenopause durchlebt wird. Da sich die hormonelle Balance von Monat zu Monat verändert, kann der sogenannte Anti-Müller-Hormon-Test zwar Aufschluss über die Anzahl der noch vorhandenen Eizellen geben, doch lässt sich daran nicht erkennen, wie «gut» diese Eizellen noch sind. Auf die Menopause, die durchschnittlich im Alter von 51 Jahren eintritt, folgt die Postmenopause, in der Östrogen und Progesteron dauerhaft niedrig sind, und der Körper sich auf die neuen Werte einstellt.

Über die verschiedenen hormonellen Phasen sollte ich später lesen. Nach dem Anruf meiner Ärztin verfluchte ich erst mal den Begriff «Wechseljahre», der für mich danach klang, als würde man sich dann lediglich etwas Neues anziehen, aus Leinen und in Beige. Was er dagegen nicht beschreibt, ist, dass sich diese Zeit so anfühlen kann, als würde sich der Körper einmal komplett umstülpen.

Und ich verfluchte meine eigene Naivität. Meine Fruchtbarkeit hatte ein Verfallsdatum. Natürlich, das wusste ich. Aber *wusste* ich es wirklich? Waren nicht viele der Frauen, die in meinem Viertel ihre Babys durch die Gegend schoben, ungefähr in meinem Alter?[21] Ich selbst war, mit 34, umstandslos und beim ersten Versuch schwanger geworden. Und sollten zweite Schwangerschaften nicht angeblich noch einfacher klappen? Aber dann kam dies dazwischen und das. Ein Jahr verging. Und ein nächstes. Dass es dann, mit Ende dreißig, plötzlich nicht mehr so einfach klappte, verschob ich von Monat zu Monat. Noch war ich doch nicht zu alt?

Hormonwerte waren nichts, womit ich mich je beschäftigen musste, also tat ich es nicht. Eine arrogante Haltung, nicht nur meinem eigenen Körper gegenüber, sondern auch gegenüber den vielen Frauen, allein in meinem eigenen Freundinnenkreis, die er-

---

21 Keine reine Einbildung, denn laut Statistischem Bundesamt hatten von 360 000 Erstgeborenen 14,2 Prozent eine Mutter zwischen 35 und 40. Bei 2,9 Prozent war die Frau bei der Geburt älter als 40.

fahren müssen, wie wenig selbstverständlich eine so problemlose Schwangerschaft ist, wie es meine gewesen war, die Runden um Runden von IVF hinter sich hatten, die oftmals nichts bewirkten, die Fehlgeburten verkraften mussten und, schließlich, dass sie keine leiblichen Kinder bekommen würden. Wie peinlich, dass ich die Aussichten, mit Anfang vierzig noch einmal schwanger zu werden, vor allem auf Wunschdenken und Hörensagen basiert hatte. Und war es nicht auch anmaßend, in meinem Alter noch mal über ein Kind nachzudenken? War das nicht zu riskant, ich dafür zu alt, es einfach zu viel verlangt? Das, was ich mir in anderen Bereichen meines Lebens sagte und mir auch glaubte – es ist nicht zu spät! –, galt in diesem Bereich nicht. Meine Zeit lief ab. Ja, ich hätte es wissen müssen. Ich bereute, es nicht getan zu haben. Vierzig war, das war in Bezug auf meine Fortpflanzungsfähigkeit nun Gewissheit, nicht das neue dreißig.

Beim nächsten Praxisbesuch bei meiner Ärztin besprachen wir die Möglichkeit einer weiteren Schwangerschaft. Vor allem sprachen wir aber darüber, wie wir meine Symptome behandeln würden. Denn, Wunsch nach einem zweiten Kind oder nicht: Ich wünschte mir vor allem, das nächste Jahrzehnt nicht mit wochenlang anhaltender PMS zu verbringen, unter deren Einfluss ich möglicherweise nie wieder Lust auf Sex haben würde.

Ein Aufklärungsgespräch wie mit meiner Ärztin, die mir beipflichtete, dass ich nichts aushalten müsste, ist nicht die Regel. Ich hörte von einigen Freundinnen, die in Praxen von ihren schlaflosen Nächten berichteten, von Schweißausbrüchen in Meetings und Blutungen, nach denen sie einen Tatortreiniger gebraucht hätten, und als Reaktion darauf nicht viel mehr als ein händetätschelndes «Das schaffen Sie schon» zu hören bekamen. Das gehört im Leben einer Frau halt dazu. Tja.

Dieses «Tja» kam auch mir bekannt vor. Es hatte mich fast dreißig Jahre begleitet, wenn meine Periode kam und mit ihr tagelange Krämpfe, die sich auch mit Schmerzmitteln und vor den Bauch getapter Wärmflasche schwer aushalten ließen. In dem Meeting, in dem verabschiedet wurde, dass das schlicht zu akzeptieren ist, war vermutlich keine Frau anwesend. Sollte ich bei der Besprechung zum Thema Wechseljahre etwas zu sagen haben – und es geht hier schließlich um meinen eigenen Körper, also: ja, habe ich –, dann würde ich, wenn möglich, nicht erneut meine Leidensfähigkeit unter Beweis stellen, indem ich das schon schaffte. Ich wollte nicht dieses irrsinnige Auf und Ab. Ich wollte wieder cruisen.

Bei einem unserer Treffen fragte die Ärztin, wann bei meiner Mutter die Wechseljahre begonnen hatten, da genetische Faktoren darüber Aufschluss geben können, in welchem Alter eine Frau selbst damit rechnen kann. Ich wusste es nicht genau. Ich war zu Hause ausgezogen, als meine Mutter Anfang vierzig war – sie hatte mich im Alter von 23 Jahren bekommen –, und erinnerte mich nur, dass sie ein paarmal ihre Sturzblutungen erwähnte. Über die Periode hatten wir zu Hause nie viele Worte verloren, nicht, als meine einsetzte, und also eben auch nicht, als ihre aufhörte. Seltsam, dachte ich, dass so entscheidende Momente nicht weiter gewürdigt, sondern bloß akzeptiert wurden. Warum hatte ich sie nie danach gefragt? Wir redeten doch über so vieles andere. Als ich sie nach der Unterhaltung mit meiner Ärztin darauf ansprach, erzählte sie mir, dass sie, bis auf die unangenehm überraschenden Blutungen, kaum Symptome gehabt hatte. Mit Ausnahme von Schwitzen an unmöglichen Körperstellen. «Ich schwitze seit der Menopause vor allem am Kopf. Was soll das?» Wie war es bei ihrer Mutter gewesen? Ihr war mit Anfang vierzig die Gebärmutter entnommen worden. Angesprochen wurde das zu Hause mit einem Satz ihres Mannes: «Nehmt ein bisschen mehr Rücksicht auf eure Mutter.»

Im Wartezimmer meiner Ärztin, das fiel mir im Nachhinein auf, thematisierten Plakate und Broschüren alle Phasen des Frau-Seins, Periodentassen gehörten neben Erinnerungen an die HPV-Impfung für Teenager, prä- und postnatale Gesundheit, Möglichkeiten bei der Verhütung und Vorsorgeuntersuchungen für Brustkrebs auch dazu. Nur zu den Wechseljahren sah ich nichts. Vielleicht hatte ich die Prospekte dazu einfach übersehen. Ebenso wahrscheinlich ist, dass sie auch in der Praxis dieser Ärztin nicht zu finden waren. Die Wechseljahre sind ein Thema, das jede Frau etwas angeht, aber umfangreich informiert wird darüber selten und meist nur, wenn man sich selbst darum bemüht. Anders als die Schwangerschaft werden sie nicht als Höhepunkt eines Frauenlebens wahrgenommen, sondern als Tiefpunkt. Besser, man verliert nicht allzu viele Worte darüber.

Noch im Jahr 2021 fragte die *New York Times*: «Why is perimenopause still such a mystery?» Die Wechseljahre, so schreibt die Autorin Jessica Grose, wurden lange nicht nur als rätselhaft verstanden, sondern medizinisch und kulturell als Krankheit angesehen. Mit ihrer Fruchtbarkeit verliert die Frau in patriarchalen Gesellschaften an Wert und Relevanz. Als «Hölle der Frau» oder «Sex-Tod» wurde beschrieben, wofür am Anfang des 19. Jahrhunderts der Begriff Menopause gefunden wurde. Nicht, dass sich durch den neuen Namen viel am Verständnis änderte. Als Symptome der Menopause galten beispielsweise Epilepsie, Nymphomanie und Gicht. Im Viktorianischen Zeitalter glaubten Ärzte, dass der Erhalt schlechter Nachrichten die Menopause auslöse, und sahen Frauen in unweiblichen Berufen, wie Fischweiber, als besonders gefährdet. Behandelbar sei die Krankheit unter anderem mit Blutegeln. Auch nach der Entdeckung von Östrogen Anfang des 20. Jahrhunderts dauerte es noch bis in die Achtzigerjahre, bis durch Langzeitstudien entdeckt wurde, dass in der Perimenopause das Östrogen nicht etwa stetig abnimmt, und welche Rolle andere Hormone in dieser Phase spielen.

Bevor man sich nun dazu beglückwünscht, im frühen 21. Jahrhundert zu leben: Märchen wie das vom Fischweib werden zwar nicht mehr erzählt, doch den Stigmata über die Wechseljahre begegnet man auch heute noch. Frauen gelten als nicht mehr belastbar und als inkompetent. Sie vertrocknen und verlieren ihre Libido. Werden zänkisch und schrill. Und dann sind sie auch noch schrecklich emotional.

Ein paar Wochen nach dem Folgetermin bei der Frauenärztin telefoniere ich eines Abends mit O. Während ich nebenbei die Waschmaschine ausleere, auf die Hausaufgaben meines Sohnes schaue und dem Paketboten die Tür öffne, besprechen wir Hormonwerte sowie aktuelle Periodenhäufigkeit und -konsistenz und mögliche Präparate, die wir ab nun einnehmen könnten.

Als ich auflege, sagt mein Mann, während er das Risotto rührt:

«Wir reden nicht so.»

«Wir?»

«Meine Freunde und ich.»

«Was meinst du mit so?»

«Wenn ich mich mit M. treffe, fragen wir einander nicht, wann die nächste Prostatauntersuchung ansteht.»

«Vielleicht solltet ihr das. Worüber redet ihr dann?»

«Du kennst unsere Gespräche doch. Fußball, Fahrräder, die Kinder, die Arbeit, die Katastrophen des Tages. Was gerade auf Netflix läuft. Bei unserem letzten Spaziergang hat er mir erzählt, dass er neulich von einer Krähe angegriffen wurde.»

«Und ihr redet über nichts anderes, wenn wir nicht dabei sind? Nicht mal über uns? Eure endlos faszinierenden Frauen?»

«Nein. Ich habe keine Ahnung, wie es in seiner Ehe läuft. Ich gehe davon aus: gut.»

«Und wie würdest du wissen, wenn nicht, da ihr ja nicht darüber redet?»

«Ich schätze, wenn sie sich scheiden lassen.»

Mein Mann ist trotz aller Herausforderungen, die es auch in seinem Leben gibt, Grundoptimist. Ist mir bekannt. Trotzdem denke ich an diesem Abend wieder einmal, wie verblüffend es ist, dass zwei Menschen friedlich koexistieren können, deren Werkseinstellung so verschieden ist. Seine: Läuft. Meine: Ich rase Serpentinen runter, beschleunigt durch ein Gepäck von Zweifeln und Unsicherheiten. Und nun kommen die Hormone dazu, die mich rasend machen. Umso dankbarer bin ich, dass wir, meine Frauen und ich, «so» miteinander reden.

Das, was O. und ich an diesem Abend besprechen, ist Teil einer größeren Unterhaltung über die Wechseljahre, die in den letzten Jahren angefangen hat, aufgegriffen in Podcasts wie *Postcards from Midlife* der Journalistinnen Lorraine Candy und Trish Halpin, *We Can Do Hard Things* von Bestsellerautorin Glennon Doyle oder *Body Stuff* von Frauenärztin Dr. Jen Gunter und begleitet durch Bücher, die das Thema aus der Nischenecke der medizinischen Fachliteratur holen, wie *Why We Can't Sleep* von Ada Calhoun, *Woman on Fire* von Dr. med. Sheila de Liz oder *Die gereizte Frau* von Miriam Stein – dessen Entstehung ich miterleben durfte. Wir sind seit vielen Jahren befreundet, und sie ist zwar ein paar Jahre älter als ich, aber als ihr die Idee zum Buch kam, dachte ich, das Thema könne sie sich doch für später aufsparen, unwissend, wie kurz vor den Wechseljahren auch ich schon war. Inzwischen verstehe ich sehr gut, warum sie ein Buch schreiben wollte, dass die Frau in dieser Phase nicht als Mitleidsfall sieht. In einem unserer Telefonate kommen wir auf Rachel Cusks Bild von der Tür, durch die jede Frau eines Tages gehen muss, zu sprechen. «Ich hatte die Tür lange mit einem ganz anderen Alter assoziiert», sagt Miriam. «Es heißt doch immer, dass der Jugend die Welt offen steht. Das war nicht mein Empfinden. Nicht mit 25. Auch nicht mit 35. Ich dachte, typisch Frau, die dazu neigt, die Schuld erst mal bei sich zu suchen: Ich bin zu dumm, die Tür zu finden! Dabei stimmt es nicht, dass der gesamten Jugend die Welt offen steht, sondern nur einem kleinen, privilegierten Teil. Und ich habe inzwischen festgestellt, dass ich gar nicht die ganze Welt brauche. Ich habe einen netten Mann, ein nettes Kind, einen Job, den ich gerne mache. Ich würde nicht sagen, das reicht, weil das zu passiv klingt. Ich bin noch nicht fertig. Aber früher musste ich mich ständig vergleichen. Habe ich genug erreicht? Habe ich mein Potenzial ausgeschöpft? Das hat sich gelegt. Es ist alles nicht mehr so schwer. Nicht mehr so wichtig. Ich leide nicht mehr am Imposter-Syndrom wie noch vor ein paar Jahren. Ich bin gut in meiner Arbeit, die ich schon so lange mache, und das macht mir Freude, zum ersten Mal kann ich das richtig genießen.»

Was sie sagt, erinnert mich an etwas, dass meine Mormor erzählte, als ich sie auf ihre Wechseljahre ansprach. Sie dachte dabei nicht an Beschwerden. Ihr fiel ein, dass sie, wie sie sagte, «auf der Höhe» war: Die Kinder waren aus dem Haus, die Firma lief prächtig, sie belegte Sprachkurse und machte dauernd Reisen mit ihren Freundinnen. Sie, die mit 19 Jahren Mutter geworden war, verspürte eine neu gewonnene Freiheit.

Auch zwei Generationen später liegt diese Freiheit auf der anderen Seite der Tür. Und mit ihr kommt eine neue Lust, sich weniger bieten zu lassen. Wie neulich, als ich meine Maske, die ich noch vom Supermarktbesuch aufhatte, in dem Moment absetzte, als ich an einer Gruppe Typen vorbeiging, die mittags vor einer Eckkneipe pichelten. Lass die Maske auf, sieht besser aus, rief mir einer hinterher. Ich ging, nachdem ich abgewogen hatte, ob ich mich als Frau in eine gefährliche Lage bringen könnte, zurück und konfrontierte ihn. «Was soll das?» Seine Antwort: mehr blöde Sprüche. Ich bebte, als ich schließlich weiterging, vor Wut und Anstrengung über diese Konfrontation. Trotzdem: Ich lasse mir so etwas nicht mehr bieten. Ich halte dagegen. Ich stampfe auf. Vielleicht hatten wir auch deshalb nicht das Gefühl, dass uns die Welt in der Jugend offen stand, weil wir, Miriam und ich, wie so viele Frauen, dazu angehalten worden waren, gute Mädchen zu sein: eher den anderen den Vortritt lassen, als selbst nach vorne zu preschen. Zuvorkommend, dankbar, zurückhaltend sein. Alles nützliche Eigenschaften. Aber nicht immer. Nicht mehr. Wer sich nicht an ein Mindestmaß an Höflichkeit hält, zu dem bin auch ich nicht mehr höflich.

Es schließt sich in dieser Zeit auch etwas hinter einem. Ich dachte nicht, dass ich es je vermissen würde, meine Periode zu bekommen, aber mit ihrem Aussetzen verstand ich, wie sehr ich meine Weiblichkeit über den Zyklus definiert hatte. Der monatliche Schmerz ist nun einer des Abschieds von einem Teil meines Lebens. Er wird, nehme ich an, schwächer werden, denn so wie ich mich mit der ersten Periode auf einen neuen Abschnitt meines Frau-Seins einließ, wird auch dieser Wechsel geschehen. Wir, die zwölf Millionen Frauen, die in Deutschland zwischen 40 und 59 Jahre alt sind, sollten daher komplexere Darstellungen hören und teilen als die, dass das Frauenleben dann vorbei sei. Eine davon kann man sich, während man mal wieder E-Mails vermeidet, auf YouTube anschauen. Es ist ein Clip von Kristin Scott Thomas' Gastauftritt bei *Fleabag*. Sie spielt die erfolgreiche Geschäftsfrau Belinda, die Fleabag am Bartresen über den Schmerz der Frauen erzählt. Die kompletten viereinhalb Minuten sind es wert anzuschauen, hier ein Ausschnitt:

Belinda: «Frauen werden mit eingebautem Schmerz geboren. Er ist unser physisches Los. Regelschmerzen. Wunde Brüste. Die Geburt. Wir tragen ihn unser Leben lang in uns. [...] Und was passiert, wenn du gerade das Gefühl hast, damit deinen Frieden geschlossen zu haben? Die Menopause. Die *fucking* Menopause. Und das ist die verfickt noch mal wundervollste Sache der Welt, denn, ja, dein Beckenboden zerbröselt, und dir ist ständig heiß und niemanden kümmert's, aber dann bist du frei. Keine Sklavin mehr. Nicht länger eine Maschine mit Teilen. Du bist einfach eine Person.»

Fleabag: «Mir wurde gesagt, es sei entsetzlich.»

Belinda: «Es ist entsetzlich, aber dann ist es glorreich.»

Kristin Scott Thomas hat gesagt, sie sei nie glücklicher über eine Rolle gewesen.

Es ist vielleicht kein Zufall, dass diese Darstellung für das britische Fernsehen entstand, wo man, was die Sichtbarkeit der Wechseljahre angeht, um einiges weiter scheint als hierzulande.

Da gibt es beispielsweise Richtlinien – die nach einer Umfrage des britischen Gesundheitsunternehmens BUPA und dem Berufsverband Chartered Institute of Personnel and Development (CIPD) entwickelt wurden, die zu dem Ergebnis kam, dass viele Frauen nicht nur an Wechseljahresbeschwerden leiden, sondern sich am Arbeitsplatz dadurch benachteiligt fühlen – in denen unter anderem empfohlen wird: Frauen einen späteren Arbeitsbeginn zu ermöglichen, wenn sie an Schlafstörungen leiden; Tischventilatoren gegen Hitzewallungen; regelmäßige Pausen; angepasste Uniformen für mehr Komfort. «Es ist wahrscheinlich, dass an fast jeder Arbeitsstätte im Vereinigten Königreich gerade jemand in der Menopause ist», hieß es in einem Statement des CIPD.[22] «Statt das zu einem Tabu zu machen, sollten Vorgesetzte bereit sein, die Menopause wie jeden anderen Gesundheitszustand anzusehen.» Eine Arbeitskultur, in der Frauen offen über die Wechseljahre sprechen können, gäbe ihnen das Selbstbewusstsein, um die Unterstützung zu bitten, die sie zur effektiven Ausführung ihrer Arbeit brauchen.

Während aktuell fast drei Viertel aller Firmen in Großbritannien keine *Menopause Policy* etabliert haben, gelten etwa der Fernsehsen-

---

22 Ein Beispiel dafür, dass Menopause gesagt wird, wenn die Wechseljahre gemeint sind.

der Channel 4, das King's College London oder das Londoner Rathaus unter Bürgermeister Sadiq Khan als vorbildlich in ihrer Umsetzung von Unterstützungsangeboten. Kahn hatte seinen Einsatz für einen «truly inclusive workplace» am Internationalen Frauentag 2022 verkündet. Das ist Publicity, sicher, aber eben auch: gute Publicity.

Jeder Frau in den Wechseljahren einen Tischventilator zu bestellen, setzt neben finanziellen Mitteln voraus, dass nicht nur in urbanen Arbeitsfeldern ein Umdenken stattfindet, sondern in klassisch männerdominierten Branchen, in denen Frauen unterrepräsentiert sind. Und: in einem selbst. Gerade die Generation der heute Vierzigjährigen und die vorherige haben sich dafür eingesetzt, nicht als das «schwache Geschlecht» angesehen zu werden. Nur wenn die Wechseljahre als normaler Teil der Gesundheit ernst genommen werden, muss keine Benachteiligung befürchtet werden.

Die Schweißausbrüche? Normal. Der Haarausfall? Normal. Die Gereiztheit? Normal. Der Libidoverlust? Normal. Und behandelbar.

Es gibt viele Wege, mit den Umstellungen umzugehen. Mehr denn je, so scheint es, seitdem Firmen darauf aufmerksam geworden sind, dass laut Female Founders Fund – einer Venture-Capital-Firma, die in Frauengesundheit investiert – bis 2025 eine Milliarde Frauen in den Wechseljahren sein werden. Der weltweite Markt rund um Behandlungen und Produkte ist, so steht es auch in dem Bericht, 560 Milliarden Euro wert. Längst gibt es Menopausen-Tracking-Apps und spezifisch auf die Wechseljahre abgestimmte Supplements. Wie immer, wenn versucht wird, Frauen ihre Freiheit als Produkt zu verkaufen, ist Skepsis angebracht. Aber auch: Freude, dass es mehr Möglichkeiten gibt, die Wechseljahre nicht als Ausnahmezustand zu erleben.

Heute kommen bioidentische Hormone gegen Östrogenverlust zum Einsatz, die nicht mehr das gleiche Gesundheitsrisiko der synthetischen Präparate von einst tragen und die den Beeinträchtigungen von Knochendichte und Hirnfunktion, die durch langfristigen Östrogenmangel entstehen, entgegenwirken. Es gibt Phytohormone, pflanzeneigene Botenstoffe, etwa in Mönchspfeffer oder Traubensilberkerze enthalten, die gegen PMS oder Hitzewallungen helfen; Ernährungsempfehlungen zur pflanzlichen Kost mit vielen Ballaststoffen; Guides für gesunden Schlaf. Das Wissen über die Peri-, Meno- und Postmenopause ist, verglichen mit anderen medizinischen Forschungsbereichen, noch in den Babyjahren. Doch je mehr Informationen man sich aneignet, desto besser ist man darauf vorbereitet, sich im Markt der Präparate, Tracking-Apps und Supplements zurechtzufinden, und desto spezifischer kann man Ärzt*innen Fragen stellen. Es ist, wie ich herausfand, gar nicht ungewöhnlich, dass Frauen gerade in den Wechseljahren an depressiven Verstimmungen leiden, da sich zeitgleich mit dem Hormonhaushalt auch ihre Rolle in der Gesellschaft, der Familie, dem Umfeld ändert. Mich führte die Zeit meiner perimenopausalen Umstellung nicht nur zur Frauenärztin, sondern auch zu einer Therapeutin.

WIE GEHT ES WEITER?

Über die Stärke, Hilfe anzunehmen

«Wie geht es Ihnen?»

Ich saß in einem bequemen Sessel einer Frau gegenüber, die mich unter einem Schwung grauer Haare auffordernd anlächelte. Ich wäre am liebsten sofort wieder gegangen. Keine Antwort kam mir wie Grund genug vor, sie, die Therapeutin, aufgesucht zu haben. Der Tag, an dem ich dachte, dass ich ihre Hilfe, professionelle Hilfe, brauchen könnte, lag schließlich schon wieder einige Monate zurück, und ich hatte seitdem weitergemacht.

Es war der Tag vor einer weiteren Zahn-OP mit Narkose für unseren Sohn gewesen. Er und mein Mann waren von der Kita nach Hause gekommen und ich die Treppen runtergelaufen, weil er es gerne hat, wenn ich ihn und den Papa an der Haustür abhole. Ich hatte den müden Gesichtsausdruck meines Mannes gesehen, dann fing der Kleine an zu schreien, weil ich irgendetwas in der Wohnung vergessen hatte – seine Trinkflasche? Seine Lieblingspuppe? Seinen Snack? Himmel, was? –, das er unbedingt brauchte, auf der Stelle, und plötzlich bekam ich keinen Atem mehr. Ich sah meinen Mann an. Er sah die Panik in meinen Augen. «Komm, setz dich auf die Treppe. Atme ein und aus. Ein und aus. Ein und aus.» Nach ein paar Minuten war es vorbei, unser Sohn hatte sich so schnell wieder beruhigt, wie er sich aufgeregt hatte, und wir gingen zurück in die Wohnung.

Dann war da der Tag der OP gewesen, als mein Sohn auf meinem Schoß saß, die Narkosemaske auf dem Gesicht, Panik in seinen Augen, und ich ihn hielt, und hielt, und hielt, bis sein Körper schlaff wurde, und ich anfing zu weinen. Die Ärztin und Schwestern versuchten, mich zu beruhigen. «Kein Kind mag das. Die Narkose ist nicht schlimm. Er wird alles gut überstehen.» Ich winkte ab. «Ich weiß. Es ist nicht seine erste. Das ist es nicht. Es ist … Es ist …» Und dann weinte ich weiter, ohne meine immense Kraftlosigkeit beschreiben zu können, war doch der Operationsraum vor fremden Menschen sowieso nicht der richtige Ort dafür, und ging raus ins Wartezimmer, wo mein Mann mich lange hielt.

Und dann waren da noch all die Tage, an denen ich am Esstisch saß, mein Laptop aufgeklappt, mit meiner Arbeit allen anderen im Weg und gleichzeitig nie mit genug Platz für mich.

Da waren die Wochen gewesen, die Monate, in denen ich jeden Abend entweder gearbeitet oder Mails zur Kinderbetreuung geschrieben oder aufgeräumt hatte, dieses endlose Aufräumen. Ich kam nicht zur Ruhe und hatte trotzdem keine Energie. Nachts konnte ich nicht einschlafen und morgens kaum aufstehen.

Reichte das?

Es kam mir nicht so vor. Denn schafften andere das nicht auch? Und unter viel härteren Bedingungen. Immerhin: Ich konnte arbeiten und Geld verdienen. Unser Sohn war versorgt und meistens glücklich. Ich hatte wundervolle Freundinnen. Meine Ehe war gut. Ich war zwar ständig erschöpft, aber war das nicht normal angesichts der Pausenlosigkeit von Vollzeitarbeit, Familie und Verpflichtungen, zudem in einer Krisenzeit?

Doch wenn ich ehrlich war, schwappte die Belastung schon seit Jahren gegen meinen inneren Damm. Lange war es mir gelungen, ihn zu stopfen, mit Pausen, einem grundlegenden Stehvermögen, auf das ich mir viel einbildete, aber vor allem mit Durchhalteparolen: Nur noch die nächste Deadline, nur noch ein Arzttermin mit dem Kind, nur noch ein paar Dinge wegorganisieren – dann würde es leichter werden.

Seit dem Tag der OP durchflutete mich jedoch beinahe konstant die Überforderung. Ich funktionierte, aber so, als würde ich unter Wasser treiben: orientierungslos und ausgeliefert. Am Anfang einer Woche konnte ich mir oft nicht vorstellen, wie ich ihr Ende erreichen würde. Denen um mich herum erzählte ich nur in Bruchstücken davon. Aus Rücksicht, ihnen nicht zu viel zumuten zu wollen, aber auch aus Scham, denn schwer, so richtig schwer, hatte ich es doch nicht. Und so *war* ich auch nicht. So taub. So trostlos. Die Marlene, die ich kannte, ertrug Selbstmitleid nicht. Die schaffte das.

Aber was, wenn nicht? Dieser Gedanke ließ sich immer weniger unterdrücken. Als eine Bekannte von ihrer Therapeutin erzählte, fragte ich spontan nach der Nummer und beschloss, da wenige Wochen später ein Termin frei war, nicht lange darüber nachzudenken, was mich das kosten würde. Ich würde jemanden dafür bezahlen, mir Mut zu machen. Eine einfache Transaktion. Und vielleicht war alles ja gar nicht so schlimm? Ein Teil von mir hoffte, dass sie mir das sagen würde, auch noch in dem Moment, in dem ich mich ihr gegenüber in den Sessel setzte, obwohl ich bereits ahnte, dass sie das nicht tun würde.

«Wie geht es Ihnen?»

Ich dachte daran, dass, kurz bevor ich von zu Hause zu ihr aufgebrochen war, der Drucker seinen Dienst eingestellt hatte. Ich wollte noch schnell die Unterlagen für den Ersttermin ausfüllen, und dann ging das verdammte Ding einfach nicht mehr. Ich saß davor, schaltete aus und wieder ein. Nichts. Ich begann zu weinen. Vielleicht sollte ich mit dieser Anekdote in die Sitzung starten. Etwas Absurdes als Stimmungsaufheller. Mit dem Drucker als Metapher für meinen Zustand: Ich konnte bei mir noch so oft kurzfristig den Stecker ziehen – nichts ging mehr. Das konnte ich bislang doch gut: Situationen mit einem Witz entschärfen. Die Komik sehen. Locker sein. Unterhalten.

Ich dachte, dass es möglicherweise einer der Gründe sein könnte, warum ich überhaupt hier saß: die Eigenschaft, es anderen mit Humor leichter machen zu wollen. Ich brachte den Witz nicht. Ich sagte: «Die Unbeschwertheit ist weg. So geht es mir.» Ich erzählte von dem Tag, an dem ich im Hausflur keinen Atem mehr bekommen hatte. Etwas Konkretes. «Ich glaube, es war eine Panikattacke.» Sie stellte Fragen, mit diesem milden Blick, den ich fortan schätzen und fürchten würde, weil ich ihm niemals ausweichen konnte, und ich versuchte, das wabernde Unwohlsein zu beschreiben. Es fühlt sich an, erklärte ich, als hätte alles das gleiche Gewicht und als würde alles schwer wiegen, eine vergessene Überweisung genauso wie die Schulplatzsuche für unseren Sohn genauso wie das Austauschen der Bürstenköpfe von der elektrischen Zahnbürste genauso wie eine bevorstehende Gehaltsverhandlung für einen Auftrag genauso wie eine nach einer Buchempfehlung fragende Freundin genauso wie die Gesundheitskrise genauso wie der Drucker. An diesem Tag hatte der mich erledigt. An einem anderen Tag wäre es etwas anderes, ähnlich Banales gewesen. Diese Unsicherheit war nichts, was sich durch regelmäßige Mittagspausen, einen Urlaub offline oder eine vorgezogene Bettzeit lösen ließe. Ich rechne immer mit dem Schlimmsten, sagte ich ihr. «*Ich* glaube», sagte sie schließlich, «es ist eine depressive Phase.»

Eine depressive Phase. Nun hatte das Wabern einen Namen. Ich bewegte ihn in meinem Kopf hin und her. Er fühlte sich hart an, unnachgiebig, aber greifbar. Meine Ahnung, dass etwas nicht in Ordnung war, wurde zur Tatsache. Ich war nicht einmal davon geschockt. Schon eher war ich entlastet. Wenn man etwas benennt, dachte ich, als die erste Sitzung vorbei war, kann man damit umgehen.

Wie es war, wollte O. danach wissen. Anstrengend, sagte ich, und trotzdem nicht schlecht. Ich war danach komplett erschöpft, aber anders erschöpft als sonst. Als hätte ich lange Zeit etwas getragen, dessen Gewicht größer und größer geworden war, ohne dass ich deshalb angehalten hätte, weil ich mich an das Tragen gewöhnt hatte, und als würde mein Körper nun von der Erlösung schmerzen, etwas davon abgegeben zu haben. Ich hatte mentalen Muskelkater. Und ich fragte mich, warum ich so lange gewartet habe, mir Hilfe zu holen. Im Nachhinein weiß man es wohl immer besser. Wie es weitergehen würde, fragte O. Erst mal fünf Sitzungen, um zu schauen, wie wir miteinander zurechtkommen, sagte ich.

Ich mochte sie, das wurde schnell klar. Sie kam sachte auf mich zu, mit den wiederkehrenden Themen aus meinen Erzählungen. Das Gefühl, dass ich eine Belastung bin, wenn ich nicht belastbar bin. Nicht Nein sagen zu können, weil ich niemanden enttäuschen will. Persönlich dafür verantwortlich zu sein, dass alles funktioniert. Und gleichzeitig unzureichend, da ich nicht alles lösen kann. Es nicht gut genug zu machen. Nicht gut genug zu *sein*.

Obwohl es mich entspannte, meinen Zustand einordnen zu können, und ich mich nicht zensierte, wich ich ihr aus, wenn mir das Ganze wichtigtuerisch und undankbar vorkam, und das tat es oft. Wer war ich denn, mich zu beschweren? Gesund, gesichert, ohne große Trauma. Ich brauchte niemandem leidzutun. Ich *wollte* auch kein Mitleid, nicht mal von ihr. Die Angewohnheit des Ich-will-nicht-Jammerns steckte tief drin. «Wissen Sie», sagte sie nach einigen Sitzungen, «die Entscheidung, wie tief wir hier einsteigen, liegt bei Ihnen. Wir müssen nicht Ihre gesamte Lebensgeschichte aufrollen, wenn Sie das nicht wollen. Ich merke aber, dass es Themen gibt, die Sie belasten. Darüber würde ich gerne mit Ihnen reden.»

«Ich habe mich so daran gewöhnt, den Damm aufrecht zu halten, dass ich mich fürchte, was passiert, wenn ich mich öffne.»

«Der Damm ist doch längst gebrochen.»

«Wenn ich den Rest auch noch bröckeln lasse, mache ich mich

verletzbar. Das macht mir Angst. Auch in einem geschützten Raum wie bei Ihnen.»

«Aber wenn Sie sich öffnen, werden Sie nicht nur weich für Verletzungen. Sie werden weich für Hilfe.»

Sie hatte, auch das wurde schnell klar, das wirklich unangenehme Talent, Wahres zu sagen.

Alle paar Wochen ging ich zu ihr, und obwohl ich am Anfang der 50 Minuten nie dachte, dass ich genug zu berichten hatte, um die Zeit zu füllen, wollte ich am Ende immer überziehen. Es war, als würde ich alle Registerschränke aufziehen und meine gesammelten Dokumente vor ihr ausbreiten, um sie neu zu begutachten, wie ein *cold case*, ein längst aufgegebener Fall, den wir gemeinsam lösen würden. In einer Sitzung bat sie mich, von einem Stapel Karten die Wörter auszusuchen, die mich am besten beschreiben. Was ich unter anderem auswählte – perfektionistisch, verantwortungsvoll, diszipliniert –, war, worauf ich aufgebaut hatte und was mich stolz machte: Ich machte nie Probleme, ich war eine Antriebskraft für meine Familie, ich war loyal und tüchtig. Gleichzeitig waren ebendiese Eigenschaften Gründe für die Überforderung. Diejenige, auf die Verlass ist, braucht keine Unterstützung. Ich definierte mich über das, was zur Belastung geworden war.

«Was machen Sie für sich?»

Ich stutzte. Zum Sport war ich nicht mehr regelmäßig zurückgekommen, seit diverse Lockdowns das Training erschwert hatten. Auf Bücher konnte ich mich abends kaum konzentrieren. Spazierengehen brauchte ich mehr, als dass ich es genoss. Andere Menschen konnte ich kaum treffen. Das Konzept Feierabend hatte ich als Freiberufliche für mich so gut wie nicht in Anspruch genommen.

«Zählt eincremen?»

Sie lächelte. Natürlich hatte sie längst durchschaut, dass ich durch solche Witze ablenken wollte.

«*Warum* machen Sie nicht mehr für sich?»

«Weil in der Zeit etwas oder jemand zu kurz kommt.»

«Auf irgendetwas werden Sie in Zukunft verzichten müssen, wenn Sie nicht auf sich selbst verzichten wollen.»

Sie fragte, woran ich sparen könnte, um mehr für mich da zu sein: Aufträge? Geld? Verpflichtungen? Wo könnte ich mehr Hilfe bekommen? Wen könnte ich fragen? Was abgeben? Denn, nachdem sie mir meine Liste der Verantwortungen zurück aufgezählt hatte, sagte sie auch: «Wissen Sie eigentlich, wie viel Sie leisten?»

«Ich denke nie, dass es reicht. Besonders, wenn es um meinen Sohn geht. Ich müsste mich noch mehr um Therapieplätze bemühen und endlich eine Kur buchen. Mehr Zeit haben, ihn zu begleiten. Mehr Optimismus fühlen. Stattdessen bin ich ständig angespannt. Ich denke, ich erfülle die Erwartungen nicht. Wenn ich ihn beispielsweise abhole, male ich mir aus, dass mir eine*r der Erzieher*innen sagt, was es für ein Problem gibt.»

Ob ich andere an meiner Verunsicherung teilhaben lasse, fragte sie. Kaum, sagte ich. «Ich reiße mich zusammen. Nach außen bin ich oft gefasst. Ruhig. Und wenn wirklich etwas vorgefallen ist, versuche ich, sofort eine Lösung anzubieten. Dabei denke ich oft: Ich will keine Lösungen mehr finden.»

Sie sagte, dass sie es nicht erstaunte, dass ich katastrophisiere, mir also das Schlimmste ausmale. «Nicht nur Ihr Kind musste seit dem Tag seiner Geburt unglaublich viel durchmachen, sondern Sie auch.»

An diesem Tag erwähnt sie zum ersten Mal Selbstmitgefühl. Ich solle versuchen, die Überforderung nicht zu bewerten, sondern sie zulassen und mir mit Empathie begegnen. Sie machte es mir vor, indem sie die Hände übereinander auf den Brustkorb legte und einige Male tief ein- und ausatmete. Ob ich es ihr nachmachen möchte? Ich schaute sie skeptisch an: ein- und ausatmen? Wirklich? Ich war doch nicht zum Yoga hier; ich wollte Lösungen.

«Sie können Mitgefühl nur schwer von sich annehmen, nicht?»
Ich konnte sie kaum anschauen.

«Woran liegt das?»

Und so machten wir weiter, Stapel für Stapel. Gingen zurück zu den Anfängen. Eines Abends guckte ich ein Interview von David Letterman mit Julia Louis-Dreyfus, in dem die Schauspielerin, auf Therapie angesprochen und welche Rolle ihre familiäre Vergangenheit darin spielt, sagt: «*It all applies.*» Alles prägt, das Schöne wie das Schlechte.

Langsam, über Monate, bauten wir darauf auf, mit einigen neuen Grundsätzen, um den Druck zu erleichtern. Weniger durchhalten, mehr einfordern. Ich sagte zu einigen Projekten Nein. Ich verschob mein Buch, dieses Buch. Ich verkürzte meine Arbeitszeit bei einem wichtigen Auftraggeber. Alles in mir sträubte sich dagegen, aber jedes Mal, wenn ich zur E-Mail mit einer Absage ansetzte, hatte ich zwei Sätze der Therapeutin im Kopf: «Es ist eine Illusion, dass Sie alles schaffen können.» Und: «Warum geben Sie Menschen, die Ihnen nichts bedeuten, Macht über sich?» Zu Hause bekamen wir Unterstützung durch eine weitere therapeutische Begleitperson für unseren Sohn. Ich hatte mit meinem Mann offen darüber gesprochen, wie es mir ging. Niemand hatte mir gekündigt. Viele hatten mit Verständnis reagiert.

«Das alles haben Sie gelöst?», fragte die Therapeutin, nachdem wir uns ein paar Wochen nicht gesehen hatten. «Manche brauchen dafür Jahre.»

Ich saß ihr gegenüber, an diesem Tag im Anzug und mit Lippenstift statt wie zuvor so oft in Leggings und mit Schlaf in den Augen, da ich vor dem Treffen mit ihr einen Arbeitstermin gehabt hatte, und als sie mich am Ende der Sitzung fragte, was mir gerade fehle, dachte ich: nichts. Die depressive Stimmung hatte sich gelichtet.

Ich hatte die Therapie gemeistert.

Wow!

Kaum einen Monat später war ich wieder einmal überwältigt, nochmals verstrickt in Verantwortungen und dem schlechten Gewissen, nicht allem gerecht zu werden, jetzt auch vor allem mir nicht. Ich bockte. Ich war wütend. «An diesem Punkt war ich doch längst. Ich dachte, ich wäre schon weiter.»

«Und so wird es weitergehen. Zwei Schritte vor, einer zurück. Ihre Mitreisenden, mit allen Annahmen, die sie über Sie haben, werden sich immer wieder melden. Nur werden Sie immer besser wissen, was zu tun ist, wenn das passiert.»

Mitreisende?

«Die, die in Ihrem Kopf sitzen und Ihnen das Schlimmste über sich erzählen.» Stellen Sie sich vor, sagte sie, Sie sitzen am Steuer eines Busses und hinten drin lauter ungebetene Fahrgäste. Was sagen die zu Ihnen? «Nicht gut genug.» Sie wiederholte den Satz, mehrere Male, laut, und mit einem Mal fühlte es sich so an, als habe jemand die ganze Last wieder draufgepackt. Sie reichte mir ein Taschentuch. «Die Aufgabe ist, sich auf das Gute zu konzentrieren, was vor Ihnen liegt, und sich nicht von den Mitreisenden reinquatschen zu lassen.»

In der Zeit, in der ich oft in dem bequemen Sessel bei ihr saß, war ich draußen weniger erreichbar. Ich brauchte Ruhe, um das in mich einsinken zu lassen, was sie mir mitgab. Vernachlässigte Freundschaften. Manchmal lag ich buchstäblich am Boden, um zu atmen, denn es half. Yoga auch. Nach draußen zu gehen. Schlafen. Auch wenn sie mir einzeln nicht groß vorkamen, waren diese Übungen in der Summe Teil einer Besserung. Wie auch die Hormone, die mir meine Frauenärztin verschrieb. Auf den Gedanken, wie belastend die Wechseljahre sein können, hatte mich auch die Therapeutin gebracht, nachdem ich ihr davon erzählt hatte, dass ich so gewaltige PMS habe, dass ich jeden Monat am liebsten für ein paar Tage ins

Hotel ziehen würde, um meinen Mann und Sohn vor meinen Gefühlsschwankungen zu schützen. «Wie kommen Sie schon wieder
auf die Idee, dass Sie eine Belastung für Ihre Umwelt sind? Sie sind
doch diejenige, die da jeden Monat durchmuss. Die Belastung tragen
Sie. Erhöhen Sie den Druck nicht auch noch, indem Sie sich das vor-
werfen.»

Es fiel mir noch immer nicht leicht, mir vor Situationen, die mich
unter Druck setzten, Mitgefühl zu zeigen. Doch ich schaffte es, mich
öfter rauszuziehen. Traf ich mich mit anderen, statt mal wieder eine
Verabredung oder eine Veranstaltung abzusagen, kam ich mir vor
wie die Mutter eines Neugeborenen, die nicht anders kann, als von
ihrem Baby zu erzählen: Ich berichtete häufig von meiner Therapie – ganz gleich, ob ich danach gefragt wurde. Und auch wenn ich
sie nicht erwähnte, war ich ernster als zuvor. Ob das für die anderen
so unterhaltsam war, weiß ich nicht, aber es geschah doch etwas Ko-
misches: Mein scheinbares Geständnis gab meinem Gegenüber die
Erlaubnis, sich zu öffnen. So kam es, dass ich bei einer Modenschau
saß und mit einer Bekannten, die ich lange nicht gesehen hatte, in
der Verspätung vor der Show über Trauer sprach. Eine langjährige
Freundin erzählte mir beim Mittagessen vom Mobbing in ihrer
Kindheit, das sie nie zuvor erwähnt hatte. Eines Abends hockte ich
bei einer meiner besten Freundinnen in der Küche, wir tranken zu
viel Wein dafür, dass es ein Dienstag war, und sprachen über unsere
Familiengeschichten, mit all ihren Höhen und Tiefen.

Was für eine Erleichterung. Denn diese Gespräche waren nicht,
wie man annehmen könnte, tieftraurig, sondern bestärkend. Und
auch voller Lachen. Als J. mir davon erzählte, dass sie vor Rührung
heulte, als sie an einem Geburtstag, einem weiteren im Lockdown,
eine Glückwunschkarte von ihrer Sparkasse öffnete, konnten wir
uns kaum mehr einkriegen, wie absurd empfindsam einen diese
Zeit gemacht hatte.

Ich begann, meinen Sinn für Humor wiederzufinden. Was mir dagegen kaum noch gelang, war es, Sätze wie «Wie schaffst du das nur?» ernst zu nehmen. Wann immer ich ihn oder eine der als Kompliment gemeinten Variationen davon hörte – und immer war es von einer anderen Frau –, versuchte ich klarzustellen: Ich schaffe das *nicht*. Jedenfalls nicht ohne Hilfe. Und auch dann nur unter Anstrengung. Es verdient keine Bewunderung, wenn man schwer trägt und es sich nicht anmerken lässt. Als mir erst vor Kurzem wieder eine Bekannte schrieb: «Hammer, wie du das alles meisterst», antwortete ich auf die DM, wie stark die letzte Zeit auf meine mentale Gesundheit gegangen war. Darauf sie: «Stehe auch gefühlt immer kurz vorm Burn-out. Habe mir jetzt zum ersten Mal in meiner Zeit als Freie drei Wochen am Stück gegönnt – aber da musste ich auch hart dran arbeiten, dass ich mir das zugestehe.»

Als ich sie schon eine ganze Weile besuchte, sagte ich zur Therapeutin, dass ich vor den Treffen oft darüber nachdenke, ob ich etwas Besonderes vorbereiten solle, da ich meine Probleme nicht für wahnsinnig interessant hielt. Mir war mein erster Witz in der Therapie gelungen. Sie lachte. «Wenn Sie wüssten, wie viele Frauen in Ihrem Alter zu mir kommen, die ganz Ähnliches durchleben.» Was ich durchmachte, war nicht einmalig. Eine wohltuende Einsicht.

Mentale Probleme sind immens isolierend. Obwohl die Aufmerksamkeit für psychische Erkrankungen größer ist denn je, entsteht der Eindruck, dass bestimmte Begriffe inflationär verwendet werden: Ist das nun schon Burn-out, oder ist der- oder diejenige vielleicht einfach gerade nicht gut drauf? Zwar fühlen sich die eigenen Probleme persönlich und spezifisch an, doch wenn so viele mit den gleichen Leiden kämpfen, beginnt man, die eigenen Schwierigkeiten als nichtig zu disqualifizieren. Ich bin ausgebrannt – wer nicht, haha. Eine depressive Phase kann sich «einfach» schon dann einstellen, wenn es keine Erholung gibt. Wie in den letzten Jahren. In denen man, wie O. einmal sagte, einen Marathon nach dem nächsten nach dem nächsten nach dem nächsten gerannt ist, ohne die Gelegenheit zum Verschnaufen. Man kann sich daran gewöhnen. Aber richtig gut leben kann man damit nicht. Ich glaube, dass viele, und es sind besonders Frauen mit ihren intrinsischen Vorstellungen von Belastbarkeit und Fürsorgepflicht, dazu neigen, sich zu spät um sich zu kümmern. Sie rufen die Rettung erst, wenn ihnen das Wasser längst bis zum Hals steht. Und hat man erst mal beschlossen, dass JETZT der Zeitpunkt ist, muss man sich auf Wartelisten einstellen und mit Versicherungen um Deckung streiten. Es ist ein Privileg, dass ich die Möglichkeit hatte, die Therapeutin umstandslos zu bezahlen.

Nach rund einem halben Jahr in der Therapie ging mir auf, dass ich mich verändern müsste. Ich hatte angenommen, dass die depressiven Phasen außerhalb von mir existierten und ich sie dort eindämmen und behandeln könnte, um wieder zu dem zurückzukehren, wie es vorher war. Die Person wiederfinden, die ich kannte – das war doch der Plan gewesen. Ich war nicht darauf vorbereitet, dass ich mich in Teilen von diesem Menschen lösen müsste. Veränderung ist schwer. Auch dann, wenn man sie ersehnt. Es ist leichter, sich auf Muster zu verlassen, die man in- und auswendig kennt. Wenn ich mit der Therapie weitermachen würde, würde es Arbeit werden, konfrontativ und anstrengend. Meine Therapeutin hatte sich als jemand erwiesen, der nicht lockerließ. Die ersten sechs Monate mit ihr waren ein gemächliches Warmlaufen. Danach würde das harte Training beginnen.

Die Neue, die mir schon hin und wieder begegnet war, während ich die Alte losließ, machte mir jedoch Mut. Die, die nicht dafür verantwortlich ist, dass alles funktioniert. Die um Hilfe bitten kann. Die keine Gewichtsdecke mehr sein will für die Gefühle anderer.

Vielleicht würde ich die Unbeschwertheit von zuvor nie ganz zurückgewinnen, aber ich empfand wieder mehr Freude. Nur anders. Schärfer. Klarer. Ich war poröser, aber damit auch durchlässiger. Steckte mehr in meinen Knochen denn je.

Von der Depression zur Transformation – so einfach ist es nun auch wieder nicht. Es ist aber auch kein Zufall, dass ich Schübe davon in einer Zeit der Umstellung erlebte. In der Lebensmitte hat man bereits vieles geordnet und kann sich Themen anschauen, die längst geklärt schienen. Das, was einen ausmacht, genauer betrachten, um zu überlegen, wie es weitergeht.

Keine Geschichte, die man sich im Kopf so zurechtgelegt hat, muss die endgültige Fassung sein. Die eigene nicht. Und auch nicht die derjenigen um einen herum. Eines Tages sagte die Therapeutin zu mir, dass man den Menschen, die dazu beigetragen haben, dass man so ist, wie man ist, die Veränderung genauso zugestehen kann wie sich selbst. Wenn man eine andere Beziehung mit ihnen will, oder überhaupt eine Beziehung. Dabei ginge es nicht darum, Schuldfragen zu klären oder Vorwürfe zu machen, sondern zu fragen, wie es ihnen in einer Zeit ging, die man selbst als prägend empfindet. Wie war das damals? Wie habt ihr das erlebt? Wie ging es euch? Was man über jemand anderen annimmt, ist nicht unbedingt deren Empfinden. Das Leben für immer ein Entwurf, an dem man schreiben kann.

Momentan habe ich die Therapeutin seit ein paar Monaten nicht gesehen. Weil es gerade nicht nötig ist. Doch immer dann, wenn ich wieder an Punkte komme, an denen ich nicht besonders freundlich zu mir bin, wenn ich spüre, wie ich Wasser trete und die Überforderung näher kommt, denke ich mich zurück in den Sessel und zu einem Gleichnis, das sie mir einmal vorlas. Als sie fragte, ob sie das dürfe, dachte ich: Puh, ja, sicher, aber eine Parabel? Ich hatte an dem Tag genug von all dem Gerede. Jetzt, da sich ein neuer Pfad vor mir aufgetan hatte, wollte ich schneller vorankommen. Ich wollte weniger Introspektive, mehr Vorschau. Warum konnte sie mir nicht sagen, was auf mich zukommen würde? Auf meinen Sohn? Zwei Schritte vor, einer zurück, blablabla. Ich hörte ihr trotzdem zu.

Das Gleichnis geht in etwa so: Ein Bauer hatte ein Pferd. Weil es das einzige im Dorf war, beglückwünschten ihn die Menschen dazu. Er sagte: Wer weiß? Als das Pferd eines Tages weglief, sagten ihm die Menschen, was für ein Pech er habe. Er sagte: Wer weiß? Das Pferd kam zurück – der Glückliche. Er sagte: Wer weiß? Als der Sohn des Bauern kurz darauf mit dem Pferd ausritt und abgeworfen wurde, brach er sich das Bein – was für ein Unglück. Wer weiß? Einige Zeit später wurden die jungen Männer des Dorfes eingezogen, nur der Sohn des Bauern mit seiner Verletzung nicht. Ein Glück! Wer weiß?

Als sie fertig war, bedankte ich mich und dachte: Ganz nett, Glück im Unglück und so weiter. Aber nachdem ich gegangen war, setzten sich die zwei Worte fest: Wer weiß? Ich denke an sie, wenn ich stattdessen denken könnte: Was ist, wenn das Schlimmste passiert? *Wer weiß?* bedeutet, dass alles offen ist. Und wenn alles offen ist, kann das Gute in einen einziehen.

DIE PERFEKTE JEANS –
NA UND?

Über ein neues Körpergefühl

An manchen Tagen muss ich mich auf das Ein- und Ausatmen sehr besinnen. Es sind die Tage, an denen ich gefragt werde, ob ich darüber schreiben kann, wie man die perfekte Jeans findet. Ich atme tief ein – und erwäge ein Leben als Frau, in dem ich nie wieder die perfekte Jeans finden muss. Ich glaube, es wäre ein schöneres Leben. Ganz sicher eines, in dem ich seltener die Luft anhalten müsste.

Ich wundere mich längst nicht mehr, wenn mal wieder die Anfrage kommt. Berufsrisiko einer Modejournalistin. Es gibt auch weitaus weniger dankbare Aufträge. Bei Jeans ist es zumindest so, dass sie nicht grundsätzlich viele ausschließt, wie sonst so einiges in der Mode. Jede*r kann sie tragen. Jede*r kann sie sich leisten. Sie ist alterslos, passt zu allem und beinahe allen Gelegenheiten. Sie ist das vermeintlich einzige egalitäre Kleidungsstück.

Das sind so Sätze, mit denen ich versuche, mich in Stimmung zu bringen, wenn eine neue Saison kommt und damit ein neuer Schnitt. Es ist zwangsläufig nicht der Schnitt aus der letzten Saison. Modelle, die ich in den letzten zwanzig Jahren als perfekt erklärt habe: Skinny Jeans – nur, um wenig später den Siegeszug des Boyfriend Cuts auszurufen. Ich habe Ripped Jeans angepriesen, gefolgt von Stretchjeans, abgelöst von Schlagjeans, ersetzt durch Mom Jeans. Habe Bootcuts ebenso vehement verteidigt wie Hüftjeans wie – Gott sei mir gnädig – Jeggings. Ich habe ganze Streitschriften über weiße Jeans verfasst. Wenn mir nichts mehr einfiel, habe ich Yves Saint Laurent zitiert, einen der genialsten Modeschöpfer des

20. Jahrhunderts, der einmal sagte: «Ich hätte gerne die Blue Jeans erfunden: Es gibt nichts, was so spektakulär, so praktisch, so entspannt und nonchalant ist. Sie vereint Ausdruck, Bescheidenheit, Sexappeal, Einfachheit – alles, was ich mit meiner Kleidung ausdrücken möchte.»

Anzunehmen, dass Yves Saint Laurent nie in einer Umkleide stand und sich fragte: «Sollte eine Jeans an den Oberschenkeln mehr Falten schlagen als mein Gesicht?» Denn wenn ich nicht gerade über sie schreibe, suche ich sie. Ich müsste das selbstverständlich nicht. Es gibt Frauen, die keine Jeans tragen und daher auch nie nach dem perfekten Exemplar suchen. Vermutlich aus Gründen des gesunden Menschenverstands. Für uns andere bleibt nur der Wahnsinn – per gängiger Definition: Man tut immer und immer wieder das Gleiche und erwartet jedes Mal ein anderes Ergebnis –, und es stellt sich die nicht unberechtigte Frage: Warum?

Meine Theorie: Wir legen so viel Hoffnung in die Jeans, weil wir mit ihr die dauerhafteste Modebeziehung unseres Lebens führen. Steghosen, Baskenmützen, Plateausandalen, Ballonröcke, Schulterpolster, Fledermausärmel, herrlich, wer hier erinnert sich noch an Fledermausärmel? – kann man alles ausprobieren und es dann auch wieder lassen. Fällt einem ein altes Foto in die Hände, stellt man fest: Hatte bis eben vergessen, dass man 1999 Schläuche aus Polyester trug und das für annehmbare Oberteile hielt. Ha!

Öffne ich dagegen meine Jeansschublade, ist es, als würde ich meine gesamte Biografie aufklappen:

Mit ungefähr 14 Jahren wurde mir zum ersten Mal bewusst, dass man über Mode dazugehören kann. Oder eben nicht. Auf meiner Schule gab es eine Clique von Handballmädchen, die scheinbar von einem Tag auf den nächsten alle Levi's 501 trugen. Handball war mir schnuppe, aber der geschlossene Gruppenauftritt löste eine bebende Sehnsucht in mir danach aus, aufgenommen zu werden. Im Kreis zu stehen statt beobachtend daneben. Während eine Jeans für die Generation vor mir mit Rebellion, Unabhängigkeit und Gegenkultur besetzt war, bedeutete sie für mich: Zugehörigkeit. Eine 501 war zu teuer, also kaufte ich ein anderes Modell von Levi's. Es wurde nichts mit mir und den Handballmädchen.

Als ich zum Studieren nach London ging, kam ich im Cool Britannia an. Es war die Hochzeit von Kate Moss, und genau wie sie trugen alle jungen Frauen Skinny Jeans, am besten die von Topshop und unbedingt Ballerinas von Repetto dazu. Eine meiner Kommilitoninnen tat das auch, und zwar auf eine Art, die ich intuitiv als die richtige Art begriff, Kleidung zu tragen: Als würde sie nicht das anziehen, was alle anderen anhatten, sondern als wäre es von Anfang an ihre eigene Idee gewesen.[23] An mir wirkte die Skinny dagegen stets bemüht. Ich hielt trotzdem fast zwei Jahrzehnte lang an ihr fest. Konditionierung, Gewohnheit, Alternativlosigkeit – wer kann das bei einer so langen Partnerschaft schon sagen?

Mein Volontariat absolvierte ich bei einer Frauenzeitschrift, die es längst nicht mehr gibt, und dass ich es hier mit anderen Kalibern als Topshop-Trophäensammlerinnen zu tun bekommen würde, war klar, als mir an einem gewöhnlichen Wochentag auf dem Redaktionsflur die Modechefin in Jeans und durchsichtiger Bluse entgegenkam, ohne BH. Sie sah fabelhaft aus, und die Bluse war garantiert von Tom Ford für Yves Saint Laurent, auch wenn ich mich nie getraut hätte, die Kollegin darauf anzusprechen. Ich vergesse inzwischen einiges, aber diesen Anblick – und die Kollektion von Ford – sicher nie. Ich lernte in den nächsten Jahren von der Seitenlinie einiges über Marken und Stile, schaute mir viel ab, und als ich es mir zum ersten Mal leisten konnte, kaufte ich eine Jeans von

---

23 Bedauerlicherweise war sie nebenbei so bezaubernd, dass wir bis heute befreundet sind.

Diesel, dem Label, das es damals sein musste. Noch besser, auch das übernahm ich, war es, Wrangler zu tragen, und zwar secondhand gekauft, weil man Mode wichtig genug nahm, um an den Wochenenden nach genau der richtigen Waschung zu suchen. Der Initiationsritus: Der Lagerverkauf bei einem bekannten Hamburger Jeanslabel. Von meinem einzigen Besuch dort erinnere ich mich an einen abgetrennten Bereich im Showroom, stapelweise Jeans, eine Schar von Frauen und mittendrin ich, den Pullover über den Po gezogen, peinlich berührt von meinem halbnackten Körper. Mir war das alles zu viel, und ich hatte noch nicht gelernt, dass man nicht mitmachen muss, wenn einem etwas zu viel ist. Ich schrieb in dieser Zeit einige unverhältnismäßig arrogante Artikel über Mode, um meine eigene Unsicherheit zu kaschieren.

Ich frage mich schon, warum ich mir ausgerechnet einen Tätigkeitsbereich ausgesucht habe, der nicht sofort einladend wirkt. Vor Kurzem, als ich mich mit meiner Mama über früher unterhielt, wie wir das in letzter Zeit häufiger machen, sagte sie, dass ich oft Dinge getan habe, die mir mehr Mumm abverlangten, als ich vorher einkalkuliert hatte. Sie meinte besonders die Zeit, als ich mit 19 Jahren allein in die USA ging und trotz Heimweh blieb.

Stärker als an die anfängliche Überforderung – als ich in Boston landete, war ein Koffer weg und niemand da, der mich wie vereinbart abholte – erinnere ich mich heute aber an die Aufbruchsstimmung dieses Jahres. Ich war der Fantasie gefolgt, meine norddeutsche Heimatstadt zu verlassen, um etwas anderes zu finden. Mit der Mode war es später wie mit Amerika: Sie war ein Versprechen von Verwandlung. Von einem größeren Ich. Ich folgte ihm, um mich zu verlieren. Nichts sprach dafür, dass ich ankommen würde, außer meiner Sehnsucht danach.

Was pathetisch klingt, aber so ist es eben mit Dingen, die einem etwas bedeuten. Also akzeptierte ich, dass ich zu diesem Ort anscheinend nicht nur mittels Interesses Zutritt erhielt. Zugang zu Mode bekamen vornehmlich die, die ihre Codes verstanden oder vorgaben, sie zu verstehen, die sie sich leisten konnten und die vor allem den passenden Körper hatten. Ein Körper, an dem die Kleider hängen konnten wie an einem Bügel und nach dem ich mich so lange wie vergeblich sehnte. In den letzten Jahren hat sich dieser Modeklub nun geöffnet, besser gesagt: wurde geöffnet von denen, die auf die alte Türpolitik keine Lust mehr hatten – für mehr Repräsentanz, mehr Vielfalt, mehr Größen. Wie jede Veranstaltung ist auch diese interessanter, seit die Gastgeber*innen und das Publikum abwechslungsreicher sind.

Diese Offenheit hat auch in mir einige lang gehaltene Annahmen durchgelüftet wie den Mief aus einer Eckkneipe. Etwa die, Jeans als Gradmesser zu nutzen: zwischen dünner und dicker, besser und schlechter, vorher und nachher. Zwischen «Dieser Schnitt signalisiert, dass ich auf der Höhe der Zeit bin» und «Ich begreife Mode nicht mehr». Zwischen Jung und Alt. Den Witzen der Gen Z, man erkenne langweilige Millennials sofort an ihren Skinnies, begegne ich mit einem nachsichtigen Lächeln – und dem Wissen, dass ihre Jugend sie nicht vor dem Revival der Hüftjeans bewahren wird, meine Erfahrungen mit Blasenentzündungen mich dagegen schon. Mit derselben Milde versuche ich, Posts auf Social Media wahrzunehmen, in denen der Tag, an dem eine Frau nach der Schwangerschaft wieder in die Jeans passt, so hemmungslos gefeiert wird wie die Geburt selbst, denn obwohl ich längst weiß, dass das kein entscheidendes Ziel ist, verstehe ich, warum man meint, es wäre eins. Ich hatte in meiner Schwangerschaft dreißig Kilo zugenommen. Die «schmolzen» nicht, wie es die Erzählungen wollen, durch das Stillen oder das Schieben des Kinderwagens von mir ab. Sie setzten sich fest, machten mich behäbig und, mehr noch, ich warf sie mir vor. Ein Körper braucht so lange wie die Schwangerschaft, um sich von ihr zu erholen. Dieser Körper hatte etwas Sagenhaftes geleistet. Er war gesund. All das begriff ich, ohne es zu fühlen. Eine Veränderung wird, auch heute noch so oft, nur in eine Richtung gewünscht, akzeptiert und honoriert: die des Dünnseins. Bis dahin, bis man die letzten drei Kilo runter hat – denn drei Kilo sind immer drin – und man wieder in Form ist, bleibt der Körper die Übergangslösung. Es ist eine Transformationsgeschichte, die nicht nur niemals endet, sondern schon in ihrer Erzählung unzufrieden machen muss, denn die Version von einem, die genügt, bleibt in der Zukunft und unerreichbar. Jedes Nachher-Bild bloß das Vorher-Bild vor dem nächsten Nachher-Bild. Wenn der oberste Knopf der Jeans wieder zugeht, ist es zumindest für einen Moment so, als hätte man eine Version von sich zurückgewonnen, die einem vertraut ist, weil einem vertraut ist, dass man konstant optimierbar bleibt. Und im Sitzen kaum atmen kann.

Ich gebe mir inzwischen Mühe, freundlicher zu mir zu sein, wenn sich die Eigenwahrnehmung mit zermürbender Erwartbarkeit ändert, sobald ich bei der Jeansgröße eine Nummer kleiner oder größer trage. Falls sich die Gedanken von Unzulänglichkeit im Kopf dennoch stauen wie einer von 57 sinnlos abonnierten Newslettern in meinem Posteingang, gilt es, rigoros vorzugehen: nicht lang damit aufhalten, sondern löschen, löschen, löschen. Allein in den letzten Tagen kamen vier davon an – Newsletter, nicht Gedanken, wobei es mir einiges Kopfzerbrechen bereitet, wie man angesichts des Inhalts nicht bekloppt werden soll: «Wie man Baggy Jeans trägt», «Vogue's 11 step guide to buying jeans», «Jeans du jour», «Die 45 Jeans, die Sie kennen müssen».

Mal angenommen, es gelingt einem, keine 45 – FÜNFUND-VIERZIG! – neuen Jeans kennenzulernen, sondern bloß eine zu finden, die richtig gut gefällt. Die perfekte Jeans. Endlich. In der es nicht aussieht, als hätten sich die Pobacken vervielfacht. Bei der der

Bund am Rücken nicht so weit absteht, dass man in der Lücke eine Wärmflasche transportieren könnte.[24] In einer Länge, die man nicht kürzen lassen muss, und in einer Farbe, die mit jedem Waschen besser statt schlechter aussieht. Die einem das Gefühl gibt, wenn man sie zu einem weiten weißen Herrenhemd und unfrisierten Haaren trägt, könnte man eine sorglose Pariserin sein – weil man sich zwar von einigen Erwartungen gelöst hat, aber, verdammt, gewisse Märchen sind schwer loszuwerden. An diesem Punkt passiert nun Folgendes:

1. Die Marke nimmt aus nicht nachvollziehbaren Gründen genau dieses Modell aus dem Sortiment.

2. Die Jeans reißt im Schritt.

3. Der Körper hat in einer außerordentlichen Sitzung beschlossen, sich zu verändern.

In der Mitte des Lebens beginnt der Körper, sich in der Mitte zu sammeln, ganz gleich, was man unternimmt. Eigentlich keine schlechte Idee von ihm, alle Energien an einem Punkt zu bündeln. Ein Kraftzentrum zu bilden als physischen Ausdruck des Bauchgefühls, auf das man mit den Jahren besser lernt zu achten. Ich wäre von meinem Körper dennoch gerne konsultiert worden, ob das nicht auch an anderer Stelle hätte stattfinden können. Beispielsweise im Kopf statt an der Hüfte. Hätte ich dort größere Kapazitäten, könnte ich mir mehr von den Dingen merken, auf die es wirklich ankommt, und nicht, dass in Nordkorea Röhrenjeans verboten sind. Ich hätte auch nichts gegen ein bisschen Extra obenrum gehabt. Nur, um

24 Wobei ...

nach dreißig Jahren ohne nennenswerten Busen mal zu sehen, wie das so ist, wenn man einen hat. Auch an den Füßen hätte ich eine Polsterung begrüßt. Dann könnte ich öfter die hohen Absätze tragen, die mich, so bilde ich mir ein, vorwurfsvoll aus dem Schuhregal anschauen.

Stattdessen hat sich der Bereich zwischen Brust und Knien neu formatiert, Body 4.0, und die Jeans, die ich bis vor Kurzem noch für nahezu vollkommen hielt, sieht plötzlich verkehrt aus – und ich bin wieder auf der Suche. Für immer? So scheint es, denn was soll es sonst bedeuten, wenn man Instagram aufmacht und dort Diane Keaton, Ende siebzig, ihre perfekte Jeans zeigt. Nicht nur zeigt, sondern in Versalien dazu schreibt: «*THESE PANTS ARE GENIUS.*» Immerhin, sie sieht zufrieden darin aus: eine Art Handwerkerhose mit weiten Beinen und Taschen, in denen man prima Werkzeug transportieren könnte. Die habe sie, schreibt sie auch, schon im Flugzeug, ins Kunstmuseum, bei einem Spaziergang, im Zug und in einem schicken Hotel getragen. «*I'VE NEVER RECEIVED MORE COMPLIMENTS ON ANYTHING I'VE WORN IN MY ENTIRE LIFE.*»

Glaube ich ihr sofort. Je länger ich das Bild von ihr angucke, desto mehr glaube ich auch, dass die Komplimente nicht der Jeans galten, sondern der Frau darin, denn ihre ganze Ausstrahlung lässt es erscheinen, als habe nicht sie eines Tages zur Mode gefunden, sondern als sei die Mode zu ihr gekommen.

Bei sich sein – mit diesem Ziel war ich damals nicht aufgebrochen, in einer Levi's, die keine 501 war. Vielmehr habe ich eine Vorstellung davon verfolgt, wie ich sein könnte. Was nicht so seltsam ist, schließlich ist das Grundprinzip von Mode die ständige Veränderung. Schade ist nur, dass beim Ausprobieren so oft die Freude abhandenkommt, weil der Zweck dieser Erneuerung selten ist, sich standhaft oder froh oder stolz zu fühlen, sondern meist: vermögender, schlanker, konsensfähiger auszusehen.

Vielleicht hat Diane Keaton einfach früh beschlossen, sich darauf nicht einzulassen. Sicher hat sie schon lange zu einem eigenen Stil gefunden, der ausdrückt, dass man Mode ernst nehmen und trotzdem Freude daran haben kann. «Ich sehe aus, als würde ich ein gigantisches Zelt tragen», schreibt sie auf Instagram unter einem Bild von sich in einem ausladenden Rock – und meint es positiv. Ein Foto im weißen Dreiteiler zu kolossaler Krawatte, ein Look, der zu ihrem Markenzeichen wurde, kommentiert sie mit: «Bozo The Clown». Sie stellt eine Aufnahme vom roten Teppich, auf der sie ein Ensemble aus grünem Kleid und Baskenmütze trägt, neben ein Bild von einem Mann, der den gleichen Look als Persiflage angezogen hat, und schreibt dazu: «Volltreffer.» Als auf TikTok der «Coastal Grandmother»-Trend auftauchte, der die gehobene Ästhetik von Diane Keaton in dem Nancy-Meyers-Film *Was das Herz begehrt* aufgriff, samt beiger Hosen und weißem Strickpullover, richtete Keaton sich an die Urheberin des Trends mit einem Zusammenschnitt von der Filmszene, in der sie schluchzend am Laptop sitzt, und einem neuen Clip, in dem sie «*What is a Coastal Grandmother?*» bei Google eintippt. Darunter steht: «*FROM ONE COASTAL GRANDMOTHER TO ANOTHER, THANK YOU!!!*» Nicht nur die um einige Jahrzehnte jüngere TikTokerin verneigte sich dafür vor ihr. In den Kommentaren tauchte vermehrt das Hashtag #lifegoals auf, mit dem gewöhnlich Materielles abgefeiert wird, seltener schon eine bestimmte Lebenseinstellung.

Nun wäre es sinnlos, sich vorzunehmen, Diane Keaton zu sein. Es gibt nur eine wie sie. Aber sich nicht den Schneid abkaufen zu lassen, das kann man schon beschließen. Oft angesehen habe ich mir auch ein Video, auf dem sie ihre persönlichen Modealben durchgeht. Nicht wegen ihrer Erklärungen, warum sie bestimmte Farben bevorzugt, sondern weil diese Sammlung ihrer Looks eine so liebevolle Geste an sie selbst und ihre Entwicklung ist. Keine Spur von Reue, ein Rückblick voll Leichtigkeit. Ein gutes Ziel, wenn man das nächste Mal die alten Schubladen im Kleiderschrank öffnet: mit den Jeans ebenso gnädig umzugehen wie mit sich selbst. Nicht jedes Modell und jede Erinnerung, die darin liegt, lohnt sich, aufbewahrt zu werden. Aber ihnen nachtrauern oder sie sich gar übel nehmen muss man auch nicht. Das, was beim Aussortieren bleiben darf, ist die Auffassung, dass es nicht die Kleidung ist, die einen interessanter macht, sondern umgekehrt. Vor lauter Einsicht kann man dann auch noch entscheiden, dass Jeans ein nützlicher Gebrauchsgegenstand sind, der glücklich machen kann, aber nicht wichtig genug, um unglücklich zu machen.

Während ich versuche, mich auf diesen Gedanken einzulassen, statt eine E-Mail zu öffnen, die «So many new jeans shapes» ankündigt, habe ich aufgeschrieben, was auf dem Weg dorthin hilfreich sein könnte:

Sich eine Uniform zuzulegen – siehe: Diane Keatons weite Hosen, Hüte und Hornbrille – spart Zeit und Energie, die man folglich für andere Dinge aufwenden kann. Zum Beispiel der Onlinerecherche nach «Annie Hall»-Hosen.

Eine verlässliche, übersichtliche und reduzierte Grundgarderobe aus smarten und endlos kombinierbaren Einzelteilen, die man sich über Jahre erarbeitet hat, um «Zeitlosigkeit» zu erreichen, schließt nicht aus, dass man seine Meinung jederzeit ändern kann.

Mit Ausnahmen. Es ist unwahrscheinlich, dass man in Hosen Freude empfinden wird, die man nur liegend über den Bauch ziehen kann und die nur stehend akzeptabel aussehen.

Schuhe, die vor allem im Sitzen bequem sind, können dagegen sehr erfreuen. Das ideale Verhältnis von unpraktischen zu praktischen Schuhen in der Garderobe liegt bei 1 zu 8.

Mama hatte recht: Kein Kleidungsstück ist es wert, dafür zu frieren.

Es gibt trotzdem auf der ganzen Welt nicht auch nur eine Strumpfhose, die man lieber tragen würde als keine Strumpfhose.

Es sagt nichts über das Körperbewusstsein einer Frau aus, ob sie lieber einen BH oder keinen trägt, ihre Oberarme zeigt oder verdeckt, Seidenkleider mit Spanx darunter oder ohne bevorzugt. Wie sie sich am liebsten sieht und worin sie sich wohlfühlt, bedarf keiner Rechtfertigung, Begründung oder Erklärung. (Falls man BH trägt: Das bestangelegte Geld daran ist die Beratung zur richtigen Größe.)

Dennoch ist die Behauptung «Ich ziehe mich nur für mich an!» reiner Blödsinn – den ich selbst oft genug behauptet habe, wenn ich souverän wirken wollte.

Man zieht sich immer für irgendjemanden an. Für die Kolleg*innen. Für die Freund*innen, die ein neues Kleid ebenso zu schätzen wissen wie man selbst. Für den/die Partner*in. Für ein erstes Date. Für die erste Date Night nach Monaten. Für den 564. Zoom Call. Kleidung würdigt die Begegnung und steuert die Wahrnehmung. Anderen auffallen zu wollen, ist weder verwerflich, noch schließt es aus, zuerst sich selbst zu gefallen.

Es gibt kaum einen Tag, der nicht dadurch verbessert wird, sich etwas anzuziehen, in dem man sich schön fühlt.

Man sollte nichts aus Gefälligkeit anziehen. Ratschläge der Art, dass hellere Farben einen zugänglicher wirken lassen oder Wickelkleider schmeichelhafter wären, sind das modische Äquivalent zu «Lächele doch mal!», und ihm ist ebenso keine größere Beachtung zu schenken.

Schmeichelhaft klingt positiv, beinhaltet aber, dass es etwas Negatives auszugleichen gilt. Kleidung, so hat man es verinnerlicht, ist dann gut, wenn sie streckt, schönt und unbedingt altersgerecht ist. Gut kann aber auch bedeuten: «Ich bin eine erwachsene Frau mit exzellenten Manieren, seriösem Job und komplexen Gedanken – und kann bei Bedarf mit dem Schlüsselbund einen Weinkorken in die Flasche drücken.»

Das Kleidungsstück, das all das ausdrückt, ist der Overall. Vielseitig, praktisch, unvergänglich. Und so unumstößlich, dass sich Paul Newman, Cher, Roxane Gay, Elvis und Phoebe Waller-Bridge darin einig sind.

Der Einwand, dass man sich mit Overall halbnackt ausziehen muss, um die Toilette zu benutzen, ist zutreffend, aber im Verhältnis zu allen Vorzügen des Kleidungsstücks unbedeutend.

Es gibt jederzeit mindestens drei Dinge in einer Handtasche, die man sinnlos mit sich herumträgt. Es gehört zu den Mysterien des Universums, dass diese Zahl unabhängig von der Größe der Tasche gleich bleibt, und ist daher einfach zu akzeptieren.

Packen: rechtzeitig, leicht und unter keinen Umständen das Kleid, das man zu Hause schon nie anzieht. «Der Grund, warum du im Urlaub immer besser gekleidet bist, ist nicht, weil du deine besten Teile dabeihast – sondern weil du all die anderen Teile nicht dabeihast», hat Katharine Whitehorn geschrieben, die nicht aufgrund dieser Feststellung als Pionierin des Journalismus gilt, es aber könnte.

Man kann mit 47 das Gleiche tragen wie mit 17. Man kann sich aber auch von Dingen verabschieden, die nur in der Erinnerung schön sind. Partnerschaften entwickeln sich, und die Liebe zu einem Kleid, das mal ein Feuerwerk in einem ausgelöst hat, kann erlöschen. Verkaufen, verschenken, egal. Vermissen wird man es nicht.

Innehalten sollte man bei den Teilen, denen scheinbar nur der richtige Anlass fehlt. Der Samtblazer, der nur für eine James-Bond-Premiere passend scheint. Das Fähnchen, das man für Flitterwochen angeschafft hat, die auch drei Jahre nach der Hochzeit noch in Planung sind. Der gemusterte Seidenpyjama, von dem man dachte, man würde ihn zum Ausgehen tragen.

Gut möglich, dass der passende Anlass nie kommt. Genau deshalb sollte man das Teil tragen. Heute. Weil Dienstag ist. Weil es keine Jeans ist.

HAT SIE ODER HAT SIE NICHT?

*Über Falten, graue Haare und ob man etwas
dagegen unternehmen sollte*

Tu's nicht.

Warum nicht?

Weil du es nicht nötig hast.

Sagt wer?

Würden dir sicher alle sagen, die du fragst.

Kann ich nicht allein entscheiden, ob ich etwas ausprobieren möchte, obwohl es entbehrlich ist?

Es geht hier um Botox, nicht um einen Entsafter.

Es muss ja nicht Botox sein. Schau mal, in dem Prospekt werden lauter Möglichkeiten angeboten: Hyaluronsäure, PDO-Fäden, Filler …

Dann schau aber auch mal, was da noch steht: Erdbeerkinn, Marionettenfalten, Bunny-Nase – lauter Begriffe für Problemzonen, von denen du noch nicht mal ahntest, dass es Problemzonen sind.

Was ist denn ein Erdbeerkinn?

Wenn ich es richtig verstehe: Poren. Sichtbare Poren.

Ich habe kein Problem mit meinen Poren.

Das sagst du jetzt. Wer weiß, wenn du erst mal anfängst, kannst du nicht mehr aufhören. Zuerst lässt du ein paar Falten glätten – und als Nächstes wünschst du dir ein Facelift. Überleg doch, wie diese Behandlungen umschrieben werden: schmerzfrei, ohne Einschnitt, alltagskompatibel. Als wären sie nichts. Dabei greifst du in dein Gesicht ein. Hast du gesehen? Die bieten hier Lunch Time Treatments an. Nervengift zur Mittagspause. Na, Mahlzeit.

Passt doch. Der Laden wirkt wie ein Café und nicht wie eine Arztpraxis.

Ich finde, du nimmst das nicht ernst genug.

Ich finde, *du* bist zu dramatisch. Ich wäre nicht die erste Frau, die sich kosmetisch behandeln lässt.

Aber willst du wirklich so sein? So vorhersehbar. «Kaum ist sie vierzig, lässt sie sich spritzen.»

Erstens bin ich schon über vierzig. Und zweitens bin ich spät dran.

Wie bitte?

Mit präventivem Botox fangen manche mit Mitte zwanzig an. Guck dich im Wartezimmer um: lauter junge Leute.

Statt dich davon abschrecken zu lassen, versuchst du, mit denen mitzuhalten?

Das ist es nicht.

Warum bist du dann hier, wenn nicht dafür, jünger auszusehen?

Mit dieser Frage an mich selbst saß ich kurz nach meinem 42. Geburtstag zu einem Beratungsgespräch in einer Praxis für ästhetische Medizin.

Es wäre jetzt leicht zu behaupten, ich sei rein aus Recherchezwecken hingegangen, weil ich mich auch mit diesem Aspekt des Älterwerdens auseinandersetzen wollte: Lässt man etwas machen oder lässt man es bleiben? Ich war aber nicht wegen eines Buchvertrags dort, sondern wegen meiner Friseurin.

Einige Monate zuvor war ich im Salon bei einer Neuen gewesen. Wir machten Small Talk, ich erwähnte meinen Sohn. «Du hast ein Schulkind?» «Ja ...» «Ist doch heutzutage ungewöhnlich, mit Anfang dreißig.» Dann fuhr sie fort, meine grauen Strähnen in einer aufwendigen und teuren Technik namens Balayage so zu färben, dass es wirkt, als würde ich mir nicht die Haare färben.

Kurz davor hatte ich wiederum einen Dermatologen aufgesucht.

Meine Hausärztin hatte beim Gesundheitscheck eine auffällige Stelle am Oberschenkel entdeckt und geraten, sie genauer anschauen zu lassen. Wahrscheinlich eine Alterswarze, sagte sie. Der Dermatologe bestätigte: Ja, Alterswarze, unbedenklich. «Ab Mitte dreißig können sie dann alle zwei Jahre zum Screening kommen. Übernimmt die Kasse», fügte er hinzu. Während ich mich wieder anzog, hoffte ich, dass er die Stelle aufmerksamer betrachtet hatte als mein Geburtsdatum in den Unterlagen.

Ich korrigierte weder die Friseurin noch den Dermatologen, obwohl ich mein Geburtsdatum zuletzt verheimlicht hatte, als ich mich als Teenager in Amerika älter log, um Alkohol zu kaufen. Mehr noch: Ich empfand einen Stolz, als hätte ich etwas Beeindruckendes geleistet. Keiner der beiden hatte «Anfang dreißig» ausdrücklich als Kompliment gemeint; ich hörte dennoch das Lob, das ich selbst oft genug gedacht habe: «Sie sieht gut aus – für ihr Alter.»

Tatsächlich habe ich bislang wenig dafür getan, die Zeit äußerlich aufzuhalten, sondern sie im Gegenteil durchaus bedenkenlos angetrieben: viel zu viel geraucht, in Jugendjahren mit Babyöl eingerieben in die pralle Sonne gelegt, jahrelang nicht bewusst ernährt.

Ein Zufall war das Missverständnis über mein Alter dennoch nicht. Ich trug bei beiden Begegnungen eine Maske. Erkenntnis aus der letzten Zeit: Die meisten Menschen erscheinen jünger, wenn man nur ihre obere Gesichtshälfte sieht.[25] Weitere Erkenntnis: Aus der spontanen Reaktion, mich, Maske hin oder her, geschmeichelt zu fühlen, folgte keine Sehnsucht, wieder Anfang dreißig zu sein.

Was mich wunderte, heißt es doch, dass man sich rückblickend

---

25 Laut einer Studie der Universität Cardiff wirken Menschen damit sogar attraktiver, allerdings nur mit einer blauen OP-Maske, was eventuell mehr über die Fantasievorstellungen über medizinisches Fachpersonal aussagt als über das Aussehen.

immer schöner findet. Objektiv betrachtet war mein Gesicht früher
praller, rosiger, straffer. Aber wann habe ich mich zuletzt schon
objektiv betrachtet? Ich muss etwa 12 Jahre alt gewesen sein. Das
sagen mir die Bilder aus der Zeit. Auf einem Geburtstagsfoto sieht
man ein Mädchen mit unbedarfter Ausstrahlung, auf dem nächsten
einen verschlossen dreinblickenden Teenager mit schwarz umran-
deten Augen. Dazwischen liegen 12 Monate und einige Ausgaben
von *Bravo Girl* und *Mädchen*, die neben ersten Schmink-Tipps auch
eine Vorlage dafür bereithielten, was es ausmacht, weiblich zu sein:
Makellosigkeit, ausgedrückt durch ein symmetrisches Gesicht, einen unbehaarten Körper, strahlend weiße Zähne und Konfektions-
größe 36. Eine Vorstellung, die sich in der Zeit, als ich erwachsen
wurde, verstärkte. Die frühen 2000er waren geprägt von Size Zero
und Lolli-Körpern, Klatschzeitschriften mit bloßstellenden Zellu-
lite-Fotos und «Hot or Not Beach Bodies», Geschichten, die man
inzwischen als Bodyshaming erkennen und verurteilen würde.
Schlimm, denkt man – bis einem die sozialen Medien einfallen
und man schlussfolgert, man habe es damals besser gehabt als die
Mädchen und jungen Frauen von heute, weil man sich zwar auch
verglich, aber wenigstens nicht mit Filtern.[26]

Ein Vergnügen war es trotzdem nicht, denn im Vergleich blieb
der Mangel: Der Bauch nicht flach genug, die Beine krumm, die Lippen zu dünn. Ich war den Großteil meines Lebens überzeugt, ich
hätte ein Kinn wie eine Statue von den Osterinseln. Dieses Inventar
an Unzulänglichkeiten ist gleichsam eine persönliche und eine ver-

---

26 Können Sie sich noch an die Aging-App erinnern, mit der man sich auf Fotos
älter machen konnte? Habe ich ausprobiert. Erschreckend fand ich nicht,
dass ich im hohen Alter einer Trockenpflaume ähneln würde, sondern was
mein früheres Gesicht darstellen sollte, denn auch die optische Verjüngung
ermöglichte die App: Ich sah nicht aus, wie ich einmal ausgesehen hatte,
sondern wie eine der drei besser gelifteten Kardashians.

bindende weibliche Erfahrung, denn die einzelnen Punkte mögen sich unterscheiden, aber Frauen arbeiten sich im Kollektiv daran ab. Einige mehr, andere weniger und alle endlos.

Wie sonst soll man erklären, wie Frauen andauernd ihre Körper besprechen. Die Sätze werden ausgespuckt wie Kaugummi auf die Straße – auffällig bloß in ihrer Achtlosigkeit. «Ich muss ein paar Kilo abnehmen», «Meine Frisur ist gerade furchtbar!», «Kurze Röcke? Erst, wenn ich nicht mehr so blasse Beine habe». Reflexiv klaubt man diese Grobheiten auf – «Musst du nicht», «Deine Frisur ist wunderbar», «Du kannst tragen, was du willst» –, weil man es als unerträglich empfindet, wenn Frauen, die einem nahe sind, sich mit derlei Gedanken zumüllen. Zu gut kennt man die eigene innere Stimme, die einem jahrelang Werbebotschaften und Magazinüberschriften weitergeflüstert hat und die dazu ermahnt, dass man noch nicht genügt.

Das, was man sich selbst sagt, würde man keiner Freundin verzeihen. Und so gibt man häufig Komplimente, die andere in ihrem Aussehen bestätigen. Wie oft hat man, ohne lang darüber nachzudenken, gesagt «Hammer, deine Oberarme, der Sport zahlt sich aus!», «Drei Kinder und dann so eine Figur, wie schaffst du das nur?», «Toll, deine Bräune. Hätte ich auch gern!». Es mag nicht das Einzige sein, was man würdigt, aber meist ist es eben das Erste, ungeachtet der möglichen Hintergründe – vielleicht hat die Mutter von drei Kindern so die Hände voll, dass sie kaum zum Essen kommt? –, denn warum hinterfragen, was oberflächlich erstrebenswert scheint. Man hat es nicht anders gelernt.

Einer der, wie sich herausstellte, unangenehmeren Aufträge, den ich mir für dieses Buch selbst gab, war es, einen Tag lang bewusst darauf zu achten, wie oft ich mich beim Gang durch den Alltag mit anderen Frauen verglich. Das Ergebnis: mit fast jeder. Dicker, dünner, besser gekleidet, weniger stylish, sportlicher, träger – die Bewertung galt dabei nicht ihnen, sondern mir. Diesen unbewussten Scan, der ansonsten offenbar einfach so mitläuft, in dem Verständnis, dass die, die den Maßstäben genügen, es besser haben, hatte ich mir angeeignet, obwohl ich mein Aussehen nie für das Interessanteste an mir hielt und mich daher auch nicht darüber verstehen wollte. Vielleicht, weil ich schnell begriff, dass ich keine ausgesprochene Schönheit war. Eher kompakt und athletisch als dünn und zierlich wie die Models, deren Bilder ich als Jugendliche in meine Notizbücher klebte. Keine, wie K. mal über sich selbst sagte, bei der ein Raum in andächtiges Schweigen verfällt. *Ich* halte K. für umwerfend – in den Dingen, die sie über die Jahre gewonnen hat, wie ihr Humor, ihre Einfühlungsgabe, ihre Unerschrockenheit, ebenso wie in dem, womit sie zufällig geboren wurde, wie den blitzenden Augen und der spöttisch geschwungenen Nase. Wann habe ich ihr zuletzt gesagt, wie lustig, empathisch und mutig ich sie finde? Ich sollte es in jedem Fall öfter tun. «Du siehst glücklich aus», «Ich liebe es, wie du Geschichten erzählst», «Deine Meinung ist mir wichtig» sind Komplimente, die ich selbst gerne höre. Sie erzählen mir, dass ich wahrgenommen werde, nicht bloß gesehen. Sie erleichtern es, den Scannerblick abzuschalten.

Wenn ich in den Monaten nach dem Beratungsgespräch vor dem Spiegel meine Kinnpartie nach hinten und oben schob, wünschte ich mir nicht die Haut der Frau zurück, die sich in ihrer Haut nicht wohlfühlte; ich bedauerte, wie viel Zeit ich damit verbrachte hatte, etwas an ihr auszusetzen. Wäre es nicht schön, damit aufzuhören?

Was einem schon mal entgegenkommt, ist bemerkenswerterweise das Alter. Im Laufe der Jahre wird einem, im Großen und Ganzen betrachtet, auch körperlich einiges egaler. Finde ich es liebenswert, dass ich beim Dermatologen inzwischen meine Brüste anheben muss, damit er die Leberflecke darunter inspizieren kann? Nein, aber auch keinen Grund, mich abzustrafen. Halte ich die Krepphaut, die sich im herabschauenden Hund über den Bund meiner Yogahose kräuselt, für erstrebenswert? Nein, aber auch nicht für demütigend. Und bevor ich mich an der Aussicht aufhalten kann, kommt schon der heraufschauende Hund. Es fällt mir zunehmend leichter, meinen Blick weiterzuschubsen, wenn er sich an den dünnen Lippen und dem markanten Kinn festsetzen will. Eine willkommene Form der Altersweitsicht. Wie die Journalistin und Schriftstellerin Caitlin Moran in ihrem Buch *More Than A Woman*, einem «guide to growing older», schreibt: «[...] Whilst you lose skin elasticity, you also lose the amounts of fuck you give. Perhaps that is why the skin is so lose now – from all the fucks leaving.»

Was ich übersetzen könnte, aber im Original hat es mehr Wucht, was Moran beschreibt: Man beginnt, sich neutraler zu sehen. Das ist dermaßen erholend, dass man zu dem Schluss kommen kann: *Fuck*, ist es etwa möglich, dass ich *besser* aussehe denn je? Ganz sicher habe ich einen unkritischeren Blick auf mein Gesicht.

Mit dieser Aussicht sollte ich mich nun bequem zurücklehnen können. Nach Jahren der Konfliktbewältigung einen Koalitionsvertrag mit mir abschließen. Doch während die Verhandlungen noch laufen, kommt etwas Neues dazu: die Zeit.

Die Zeit entspricht kurioserweise nicht dem Alter. Sie verläuft linear, während man das andere in großen Einschnitten erlebt, wie mit 16, mit 29 oder mit 42. Dennoch hängen sie zusammen. Während die Zeit als Teenager in Slow Motion abläuft – ich bin überzeugt, dass Sommerferien früher sechs Monate lang waren, mindestens –, scheint sie in der Mitte des Lebens im Zeitraffer stattzufinden.

Sie ist der Grund, warum mich die Verwechslung mit einer Anfang Dreißigjährigen innehalten ließ. Gefühlt bin ich nämlich noch nicht viel weiter – obwohl ich im letzten Jahrzehnt einiges erlebt habe. Ich habe laufend Entscheidungen getroffen, und auch wenn ich nicht glaube, dass ich mich ganz grundsätzlich vertan habe, frage ich mich, ob die Erfahrungen, die ich aufgrund meiner Entscheidungen gemacht habe, nicht zu einer Weisheit hätten führen sollen, die der Tiefe meiner Falten entspricht. Sollte eine Frau mit diesem Gesicht nicht abgeklärter, vollständiger und sortierter sein? Müsste sie nicht NFTs verstehen, eine Ahnung von Rotwein haben und eine Meinung zum Nordirlandprotokoll? Es bleibt der Eindruck des Zauderns. Ich dachte, ich hätte noch mehr Zeit, aus dem Geschehenen zu lernen. Nun hat mein Gesicht mich scheinbar überholt, und ich würde ihm gerne zurufen: Halt! Stopp! Nicht so schnell!

Es kann doch noch nicht so lange her sein, dass ich nach durchtanzter Nacht mit Glitter-Make-up ins Bett gefallen bin – und beim Aufwachen glänzend aussah. Jetzt beinhaltet die Prozedur vor dem Schlafengehen, idealerweise um 22 Uhr: Zwei-Phasen-Reinigung, Gesichtsöl, ergänzt durch ein weiteres Öl, dann Gesichtspflege, Augenpflege und Lippenpflege. Falls ich das erledige, was angesichts der übrigen täglichen Liste nur unregelmäßig geschieht, sehe ich morgens längst nicht aus wie Gwyneth Paltrow, sondern wie ich, bloß etwas frischer. Wobei dieses Ritual – und wann wurde aus dem Auftragen von Produkten eigentlich ein Ritual? – nur vordergründig darauf abzielt, meinen fortschreitenden Verfall aufzuhalten. «Belle de Jour Sacred Lotus Face Oil», «Strawberry Seed Hydration Booster» und «Noni Night AHA Resurfacing Serum», wie es auf den Tiegeln und Tuben in meinem Regal steht, verstehe ich vor allem als: größtenteils unverständlich, aber nett gemeint. Die Produkte leisten garantiert nur eines: Die zwanzig Minuten, in denen ich mit ihnen allein bin, haben eine beruhigende Wirkung.[27] Cremte ich nicht bis

27 Am Badezimmerspiegel klebt seit einiger Zeit ein Cartoon von Ngozi Ukazu, in dem zwei Frauen am Waschbecken stehen. Sagt die eine zur anderen: «Schritt 1 und 2 sind feuchtigkeitsspendende Gesichtsreiniger. Schritt 3 bis 14 geben mir das Gefühl von Kontrolle in einer immer chaotischeren Welt.»

eben meine Beine höchstens alle zwei Wochen ein und auch nur, wenn ich zufällig daran dachte? Nun haben sie nach einem Tag ohne Lotion die Oberfläche eines Giant Redwood. Ich bilde mir auch ein, dass ich noch bis vor Kurzem meine Augenbrauen zu Strichen gezupft habe. Jetzt rupfe ich mit derselben Pinzette Haare aus meinem Kinn. Und war es nicht erst gestern, dass ich meine Frisur mit Henna selbst färbte? Jetzt trage ich einen Schnitt, der sich Long Bob nennt und den ich als «Jodie Foster in der Rolle der kompetenten Staatsanwältin» beschreiben würde.[28]

Dieser Zeitsprung scheint nicht nur mich zu beschäftigen. Wird in Interviews mit Menschen eines gewissen Alters «Wie alt fühlen Sie sich?» gefragt, liegt die Antwort, unabhängig vom Geschlecht, fast ausschließlich in der Vergangenheit. Meist in einer Zeit, in der die Konsequenzen der eigenen Entscheidungen noch nicht so bleibend erschienen, weil man überzeugt war, alles jederzeit auch wieder anders machen zu können. Obwohl alle alt werden wollen, will sich keiner je älter fühlen (außer Teenager, aber was wissen die schon) (einiges, aber dieses Buch handelt ja nicht von ihnen). Im Unterschied zu den anderen Einschnitten, bei denen ich es nicht erwarten konnte weiterzukommen, würde ich jetzt gerne langsamer machen. Nur: Soll ich in den Alterungsprozess eingreifen, bloß weil mein Gesicht es bei mir gerade zu eilig hat?

Wie sehen andere das? Ich fragte meinen Mann, der mich immerhin seit über zwei Jahrzehnten kennt: Botox – ja oder nein? Er sagte: «Ich liebe dich so, wie du bist, aber ich weiß inzwischen, dass du eh machst, was du willst.» Eine Freundin sagte: «Das hast

28 Falls wir mittelalten Frauen jemals ein Zeichen des Zusammenhalts brauchen sollten, würde ich neben dem Augenrollen über einen Jochen, der einem NFTs, Rotwein und das Nordirlandprotokoll erklärt, ohne selbst etwas davon zu verstehen, den Long Bob vorschlagen.

du nicht nötig.» Eine zweite Freundin: «Mache ich seit ein paar Jahren, kann es sehr empfehlen. Aber lass uns das Thema wechseln, mein Mann kommt aus dem Garten, der hat keine Ahnung, was das kostet.» Eine Mutter aus dem Sportverein: «Botox? Kenne ich mich nicht mit aus, aber solltest du über deine Lippen nachdenken, gebe ich dir die Nummer von meiner Dermatologin, die macht die besten.» Meine Mama: «Ach, Marlene. Wenn du einmal damit anfängst, musst du es immer wieder machen.» Als Letztes befragte ich einen alten Freund. Wir treffen uns alle paar Jahre, dann trinken wir etwas zusammen und erzählen aus unseren Leben. Mich interessiert seine Perspektive auch deshalb, weil wir uns nicht nah sind. Abstand kann für Klarheit sorgen. Er sagte: «Was soll das bedeuten, dein Gesicht hat dich überholt? Du spinnst! Du bist doch eine kluge Frau. Du bist schön. Wenn du das machst, treffe ich dich nie wieder!»

Ich war kurz zu baff, um ihn auszulachen.

Schließlich sagte ich: «Ich garantiere dir, dass du Leute kennst, die sich mit Botox behandeln lassen.» «Das wüsste ich!» «Eben nicht. Die Zeiten, in denen man kosmetische Eingriffe an den Tackern hinter den Ohren erkennen konnte, sind vorbei. Es ist heute fast lächerlich einfach, sich unter die Spritze zu legen. Aber wenn jemand auffallend entspannte Gesichtszüge hat, denkst du wahrscheinlich: gesunder Schlaf.» «Ist doch möglich.» «Möglich ist alles. Auf jeden Fall ist es bequemer, das anzunehmen. Man will ja auch niemandem etwas unterstellen.» «Wenn es so weit verbreitet ist, warum redet dann niemand darüber?» «Stell dir vor, dein ganzes Leben lang hat jede*r eine Meinung zu deinem Aussehen und absolut kein Problem damit, sie dir mitzuteilen. Und das, weil du einfach *bist*. Wie viel Lust hättest du, dich dem konstant zu stellen? Denn die Meinungen werden nicht weniger, wenn du alterst. Sie werden höchstens vehementer.»

Der Abend mit meinem Freund war zu kurz, um ihm alle Beispiele aus der jüngeren Vergangenheit aufzuzählen. Das hole ich hier nun nach:

Als 18 Jahre nach der letzten Folge von *Sex and the City* die Fortsetzung *And Just Like That* lief, wurde der Show vorgeworfen, das Älterwerden oberflächlich zu thematisieren, da Fragen behandelt wurden wie die, ob die Protagonistinnen ihre grauen Haare überfärben lassen und sich einem Facelift unterziehen sollten. Den Vorwurf der Oberflächlichkeit fand ich durchaus berechtigt, jedoch nicht in Bezug auf das Aussehen der Hauptfiguren. In der Serie wurde Älterwerden kaum als eine vielschichtige und reichhaltige Zeit dargestellt, für Frauen wie für Männer, sondern als eine Aneinanderreihung von Demütigungen, mit zahlreichen betulichen Witzen über Hüft-OPs, senile Bettflucht und soziale Borniertheit. Während sich noch darüber mokiert wurde, wie banal *AJLT* sei, wurde die Erscheinung der Hauptdarstellerinnen Sarah Jessica Parker, Kristin Davis und Cynthia Nixon besonders in den sozialen Medien mit atemberaubender Schonungslosigkeit seziert – von allen Geschlechtern. Man muss dazu sagen: *And Just Like That* ist eine Serie über Frauen um die fünfzig, kein Revival von *Golden Girls*, einer inhaltlich vergleichsweise progressiveren TV-Show über eine Seniorinnen-WG in Florida – von 1985. Wobei die Figuren ähnlich alt sein sollen, was, schaut man sich die Bilder der Schauspielerinnen-Ensembles nebeneinander an, erstaunlich ist. Die Vorstellung davon, wie Alter aussieht, hat sich demnach gewandelt: Es sieht heute jünger aus.

Dann ist der Erhalt eines jugendlichen Aussehens also doch wünschenswert? Nur bedingt. Etwa zeitgleich zur Fortsetzung von *Sex and the City* fand die Wiedervereinigung der *Friends* statt. Ein Fest für Hobbyarchäologen auf der Spurensuche nach kosmetischen Eingriffen. Wie tragisch, wurde befunden, wenn Prominente so krampfhaft an früher festhalten, dass sie kaum noch sich selbst gleichen, Männer inklusive. So wie den starren Ausdruck auf Matthew Perrys Gesicht hatte man sich das mit der Gleichberechtigung auch nicht gewünscht. Allein Matt LeBlanc: alles richtig gemacht, rund und gemütlich, wie er auf dem alten Sofa saß.

Dann ist es besser, sich zu entspannen? Nun ja. Als die Schauspielerin Bridget Fonda jüngst zum ersten Mal fotografiert wurde, seitdem sie sich 2002 komplett aus der Öffentlichkeit zurückgezogen hatte, sah sie nicht mehr so aus wie einst. Sie hatte – Schock! – zugenommen. Wie hatte sie das nur zulassen können? Sie war so sexy gewesen, damals, in ihren knappen Jeansshorts in Quentin Tarantinos *Jackie Brown*.

Es gilt also, ansprechend zu bleiben? Nur nicht zu sehr. Als im Frühjahr 2022 das traditionelle «Hollywood Issue» der Zeitschrift *Vanity Fair* mit einem Foto von Nicole Kidman titelte, auf dem die zu dem Zeitpunkt 54-Jährige in ein Ensemble von Miu Miu gekleidet war, das in seiner Knappheit an eine Cheerleader-Uniform erinnerte, hieß es: Hat sie nicht etwas ihrem Alter Angemesseneres verdient? Und dann so viel Photoshop. Traurig! Schrecklich! Ein Rückschlag für den Feminismus!

Okay, also: sexy, aber natürlich? In Maßen. Wenn Paulina Porizkova, eines der bestbezahlten Models der Achtzigerjahre und heute Ende fünfzig, sich ungespritzt und ungefiltert im Badeanzug auf Instagram zeigt, bekommt sie neben Zuspruch zu hören, sie möge sich doch bitte therapeutische Hilfe suchen, statt zur Selbstverherrlichung halb nackte Fotos zu teilen.

Ich fasse zusammen: Facelifts sind unsouverän, aber die natürliche Form soll straff aussehen. Man soll sich entspannen, aber nicht gehen lassen. Anziehend sein, aber nicht sexuell aktiv wirken. Sich bedecken, aber nicht altbacken auftreten.

Kapiert?

Ich auch nicht.

Nun kann man meinen: Berühmtheiten werden anders beurteilt, blöd für sie, aber was hat das mit mir zu tun? Bloß: Die Maßstäbe sind längst als allgemeingültig etabliert – und lassen sich beliebig fortführen. Eine Frau sollte sich im Alter schminken, um präsentabel zu wirken, aber nicht zu stark. Sie sollte die grauen Haare wachsen lassen, wie es der aktuelle Zeitgeist erlaubt, aber nur wenn es ein gepflegtes Grau ist. Auf den Körper achten, aber keine ärmellose Kleidung mehr tragen. Sich, wegen der Authentizität, online nicht mit einem Filter zeigen, aber, wegen der Erträglichkeit, ausgeleuchtet von einem Ringlicht. Vor allem soll sie den Übergang ins Alter erhaben hinter sich bringen.

Für die Anforderungen macht es keinen erheblichen Unterschied, dass Anti-Aging, womöglich um sich neben Body Positivity nicht so mies zu fühlen, ein Makeover in der PR bekommen hat und jetzt «Well Aging», «Beautiful Aging» oder «Healthy Aging» heißt. Doch ähnlich wie bei Body Positivity, einer ursprünglich politischen Bewegung für Inklusion, soziale Gerechtigkeit und gegen weiße, dünne und heteronormative Schönheitsideale, die in den Sechzigerjahren in den USA aus dem Fat Acceptance Movement entstand und die heute vor allem als allgegenwärtiges Hashtag verbreitet ist, geht es auch bei «Age-Positive»-Reklamen und -Social-Media-Kampagnen oftmals rein um die Ästhetik, nicht um Gesundheit oder Teilhabe. Was die Journalistin Amanda Mull in dem US-amerikanischen Nachrichtenmagazin *Vox* über die momentane kommerzielle und medienfreundliche Body Positivity geschrieben hat – «Sie macht es zur Sache derer mit marginalisierten Körpern, ihre Kritik nach innen zu richten, was im Grunde das Gleiche ist, was Marken, die Kleidung, Unterwäsche oder Hygieneprodukte verkaufen wollen, schon immer von uns erwartet haben. Nur wird diesen Menschen jetzt erklärt, dass sie sich nicht mehr für ihre Körper schämen sollten, basierend darauf, dass mit ihnen ja nie etwas nicht

gestimmt hat, ganz so, als hätten die Firmen, die für sich beanspru-
chen, das ‹Movement› anzuführen, nicht jahrelang Unsicherheit
verkauft» –, lässt sich direkt auf das Altern übertragen. Heutzutage
stehen Frauen ab vierzig nicht mehr gesellschaftlich im Aus, ent-
sprechend sollen sie das konstant feiern und mit dem Alterungsprozess keinesfalls hadern. Freut euch, Ladys.

Das Perfide: In der neuen Verpackung steckt der gleiche Inhalt.
Alter ist weiter behandelbar, neuerdings eben mit «sanften Methoden» und «non-toxischen Treatments», Ultraschallmasken und
Microneedling, was auch moralisch vertretbarer klingt als Filler
und Fäden. Denn die sind nicht natürlich. Nicht vorbildlich. Nicht
positive. Kein Wunder, dass Botox das größte unausgesprochene
«Schönheitsgeheimnis» der Gegenwart ist. Es glaubt ja heute kaum
einer mehr, vermutlich nicht mal mein alter Freund, dass Prominente so aussehen, wie sie aussehen, weil sie ausreichend hydriert
sind, gelegentlich Vitamin-Infusionen machen und sich abends
abschminken, obwohl sie darauf gerne bestehen. Kosmetische Eingriffe werden dagegen größtenteils verschwiegen – es sei denn, sie
bringen nicht das erhoffte Ergebnis, wie jüngst bei Linda Evangelista, neben Kolleginnen wie Claudia Schiffer, Cindy Crawford
und Naomi Campbell *das* Supermodel der Neunzigerjahre. Bei einer
Behandlung verschwanden Fettpolster nicht, sondern verschoben
sich durch Nebenwirkungen so, dass sie Evangelista «brutal ent-
stellten». Ihre Worte, nicht meine. Ich kann nur spekulieren, was
man empfindet, wenn der Körper als Kapital versagt – während die
bemerkenswert jugendlich wirkenden alten Kolleginnen weiterhin
über den Laufsteg spazieren und Kampagnen buchen.

Die jüngste Darstellung der alternden Frau führt zu der Annahme, sie müsse ihren Status quo mit ein wenig Hautpflege aufrechterhalten. Wie es ankommt, wenn jemand zur Abwechslung mal
etwas anderes sagt, konnte ich vor Kurzem auf der Veranstaltung

einer natürlichen Kosmetikmarke erleben, auf der ein Panel von Frauen zwischen Anfang dreißig und Ende vierzig über ihr Älterwerden sprachen. Da ging es mal wieder viel um Empowerment, Schwesternschaft, Ehrlichkeit. Hurra! Als eine von ihnen, nein, nicht zugab, sondern schlicht bemerkte, dass sie neben mineralölfreien Cremes auch Botox verwendet, war der ausbleibende Applaus laut hörbar.

An dem Tag jubelte auch ich nicht. Auch mir kommen meine Urteile zuvor. Der Anspruch, ja keine negativen Gefühle über Collagenverlust und Faltenzunahme zu haben, schlägt durchaus in Häme für diejenigen um, die, wie es dann gerne heißt, zu weit gegangen sind. Neulich etwa, als eine deutsche Fernsehmoderatorin mit einem Gesicht in ihrer Sendung auftrat, das ihrem früheren nur noch entfernt ähnelte. Hui, das waren ein paar Spritzen zu viel, was? Als ich ein Interview mit einer berühmten Chansonnière las, in dem sie ihre «Beauty Rituale» im Lockdown teilte, dachte ich bloß: Cherie, so ein Gesicht hat man nicht, weil man eine reichhaltige Lotion auf Öl-Basis benutzt, gönn deinem Chirurgen eine Pause. Als mir letztens eine Freundin schrieb, die Emotionen einer gewissen Schauspielerin müsse man inzwischen an den Untertiteln ablesen, lachte ich laut.

Als ich dagegen Sarah Jessica Parker zum ersten Mal in *And Just Like That* auf dem Bildschirm sah, dachte ich nicht zuerst das, was ich inzwischen denke, nämlich, dass sie *fabulous* aussieht. Ich dachte: alt geworden.

Freundliche Auslegung dieser Reaktion: Es war kurz verwirrend, den Star aus *Sex and the City* in früherer Kulisse wiederzusehen, nur im Jetzt. Ein wenig wie der Moment, wenn ich die Handykamera öffne, vergessen habe, dass sie im Front-Modus ist, und mich eine Millisekunde lang über das Gesicht erschrecke, das mir entgegenblickt, bis ich begreife, dass es meins ist. Alternde Gesichter, egal in welchem Zustand, als normal wahrzunehmen, ist Gewöhnungssache, selbst das eigene. Die Gnadenlosigkeit von Zoom hat da nicht unbedingt geholfen. Bei allem, was es an *AJLT* zu kritisieren gibt: Es war überhaupt mal eine Show, in der die Protagonistinnen keine Zwanzigjährigen waren.

Bei alldem entsteht der Eindruck, dass eine Frau erst Ruhe hat, wenn sie das Alter Nationalheiligtum erreicht, wie eine Judi Dench oder eine Helen Mirren, die dafür gefeiert werden, wie würdevoll sie gealtert sind. Diese Frauen sind fraglos wundervoll. Aber ist die Erwartung nicht ein wenig schräg, dass, bis die «Denchmark» einer Dame Judi erreicht ist, man sich viele weitere Jahrzehnte danach richten soll, was einem andere vorschreiben? Und nach wem soll man sich da richten? Der Gesellschaft? Die hat sich auch überlegt, dass man, wenn man die gebärfähigen Jahre hinter sich lässt, an Attraktivität und Relevanz verliert, und bietet kaum differenziertere Vorschläge für das Alter als: Akzeptanz der eigenen Sterblichkeit (in bequemen Hosen) oder Verzweiflung über schwindende Sichtbarkeit (in unbequemen Hosen). Ich würde der Gesellschaft daher nicht bedingungslos vertrauen. Sie hat sich nichts Überzeugendes für Frauen einfallen lassen, seit der Begriff «würdevoll altern» 1894 in einem Zeitungsartikel auftauchte, der versprach, dass alte Damen «der Vergangenheit angehören».

In einem 2022 erschienenen Interview mit der amerikanischen *Vogue* hat Sarah Jessica Parker über sich und ihre Schauspielkolleginnen von *AJLT* gesagt: «Es kommt mir fast so vor, als würden die Leute nicht wollen, dass wir im Reinen damit sind, wo wir im Leben stehen, als würden sie es beinahe genießen, wenn es uns quält, wer wir heute sind, ob wir uns nun dazu entscheiden, natürlich zu altern und nicht perfekt auszusehen, oder ob man etwas machen lässt, womit es einem besser geht. Ich weiß, wie ich aussehe. Ich habe keine andere Wahl. Was soll ich machen? Aufhören zu altern? Verschwinden?»

Die Gleichsetzung von «natürlich» und «nicht perfekt» würde ich nicht unterschreiben, oder die von «machen lassen» und «besser». Aber ich weiß, was sie meint: Auch ich möchte entscheiden können, wie ich stattfinde. Reine Dankbarkeit dafür, *dass* ich stattfinde, ist mir zu wenig.

Es spricht diesem Alter die Komplexität ab, die es ausmacht, in der man alles Mögliche ist, vieles davon scheinbar widersprüchlich. Es ist möglich, sein Alter zu begrüßen *und* zu denken: «Warum muss sich jedes einzelne graue Haar auf meinem Kopf ankündigen wie ein Stripper auf einem Junggesellinnenabschied?» Es ist möglich, andere Frauen schön zu finden, die ihre grauen Haare wachsen lassen, *und* das eigene Blond zu erhalten, weil man das schöner findet. Es ist möglich, Idealbilder zu durchschauen *und* ästhetische Vorstellungen zu haben. Sich selbst zu kennen und verunsichert zu sein. Weniger darauf zu geben, was andere denken, und eitel zu bleiben. Eine Ahnung davon zu bekommen, dass man weniger sichtbar wird, und das nicht weiter schlimm zu finden, weil man noch nie gerne von allen gesehen wurde. Zu wissen, dass einem die Macht eines jugendlichen Aussehens abhandenkommt, und zu denken: Wie viel war diese Macht je wert? Gerade in einer Zeit, in der Frauen mehr in ihrer Kraft stehen denn je, wird sie ihnen aberkannt. Würde man sie in ihrer Kompetenz, ihrer Erfahrung, ihrer Weisheit ernster nehmen, dann müsste man sie auch nicht bemitleiden, weil sie etwas an ihren Gesichtern verändern, um, so die Spekulation, relevant zu bleiben.

Es ist ein Alter, in dem ich mit K. im Urlaub am Strand auf Korsika sitze, beide nicht unglücklich in unseren Bikinis, und wir zwei jungen Frauen andächtig schweigend hinterherschauen, die ihre von der Schwerkraft unbeeindruckten nackten Busen spazieren führen. Kannst du dir das noch vorstellen?, frage ich K. Ja, sagt sie, und dann macht sie eine Geste, als würde sie ihre eigenen Brüste elegant über die Schulter werfen. Ich hoffe, die jungen Frauen dachten nicht, unser Lachen galt ihnen.

Das Einzige, das ich für dieses Alter angemessen finde, ist, sich von einer Vorstellung zu verabschieden, dass es ein *richtiges* Aussehen gibt. Was nämlich so oft außer Acht gelassen wird, ist, ob nicht dem/der Betrachter*in gefällt, wie eine Frau aussieht, sondern der Frau selbst. Ich meine damit nicht, dass man jedes «Ich tue es für mich!» als Selbstermächtigung missverstehen sollte. Ich glaube nur auch nicht, dass jede Stirnfalte ein Zeichen für eine emanzipierte Grundhaltung ist.

Wenn es individuelle Arten gäbe zu altern, wäre es auch vorstellbar, dass Frauen – gefärbt und ungefärbt, wenig und stark geschminkt, mit kosmetischen Eingriffen und ohne, die auf der Straße und die in *And Just Like That* – sich *just like that* mögen. Dann wäre es möglich, dass sie, innerhalb der Machtstrukturen, in denen sie leben, Handlungsmacht haben. Selbst entscheiden können, wie es aussieht, wenn man 37 oder 43 oder 56 Jahre alt ist. Dann kann es sein, dass niemand Nicole Kidman dazu gezwungen hat, sich bauchfrei und im Minirock ablichten zu lassen, sondern sie sich so gefällt. Sie ist Nicole Kidman. Natürlich hat sie Mitspracherecht an ihrem Image. Wie sie sich zeigt, muss nicht den eigenen Vorstellungen entsprechen, aber man muss ihren flachen Bauch auch nicht zum gröbsten Verrat am Großteil der Menschheit erklären, seit sie mit Tom Cruise verheiratet war.[29] Wer sie nicht als Vorbild sieht, sucht sich andere. Es gibt sie. Frances McDormand. Emma Thompson. Patti Smith. Von Instagram, wo es angeblich nur um die Jungen geht, fallen mir sofort drei Accounts ein: Denise Boomkens (@and.

---

29 Ich habe, das nur nebenbei, eine Schwäche für Tom Cruise, den Filmstar. Nein, ich kann es mir auch nicht schlüssig erklären. Nein, ich lasse mir das trotzdem nicht mehr ausreden. Ich bin zu alt, um meine Meinung zu ändern.

bloom), Elisa Goodkind und Lily Mandelbaum (@StyleLikeU), Alyson Walsh (@thatsnotmyage).

Wer weiß, was Nicole Kidman so durch den Kopf geht? Ich weiß nur, dass bei meinen Überlegungen zu Botox zwei Gedanken gleichwertig sind: Ich möchte nicht jünger sein – ich sähe gerne weniger erschöpft aus.

Genauer: Eine Pandemie weniger erschöpft. Denn ich fühlte mich nicht so unglücklich, wie es im Spiegel wirkte, wenn ich mir nicht sehr große Mühe gab, sämtliche Muskeln anzuspannen, um den Gesichtszügen einen heiteren Moment zu schenken. Überfordert, ja. Auch traurig. Aber ich konnte mir gut vorstellen, weniger leidend auszusehen.

Und so kam es, dass ich am Ende in die Praxis zurückging, die zwar wie ein Café aussah, aber in der ich es mit einem kompetenten Arzt zu tun hatte, der mir von der Unterspritzung der Tränensäcke als unnötig abriet und eine «Baby-Dosis» Botox empfahl, um die Gesichtszüge anzuheben. Danach könne man weitersehen. Sechs Pikser in die Stirn und an den Schläfen, 350 Euro, Wirkung rund sechs Monate. Ich hatte vorher weiterhin Zweifel, aber meine Neugier war größer.

Danach hatte ich nicht das Bedürfnis, mir als Nächstes meine Lippen vorzunehmen, und niemand hat mich darauf angesprochen, dass ich eine Botox-Stirn hätte. Einigen fiel jedoch auf, wie erholt ich aussah. Ich erzählte jedem von ihnen: Botox. Manche fanden es befremdlich, andere fragten nach dem Arzt. Es gibt eben viele Ansichten. Meine: Ich sah nicht jünger aus, aber bei der morgendlichen Tour mit dem Lastenrad auf einer vierspurigen Großstadtstraße, um meinen Sohn in die Schule zu bringen, so, als würde ich stattdessen mit einem Cabrio an der Amalfiküste entlanggondeln. Mein Gesicht hatte ein Sabbatical bekommen. Seltsam war allerdings, dass ich jederzeit meinte, mehrere Stunden in einem Windtunnel verbracht zu haben, da ein Teil meines Gesichts komplett gefühllos war. Die

Wirkung ist inzwischen vollständig abgeklungen, aber ich habe mir bisher keinen Termin zum Nachspritzen gemacht. Das hat, so ehrlich will ich sein, eher mit Geld zu tun als mit einem Sinneswandel. Ich schließe nicht aus, es wieder zu machen. Und auch nicht, es in Zukunft bleiben zu lassen.

Im nächsten Jahrzehnt wird sich mein Gesicht stärker verändern als zwischen dreißig und vierzig. Ich stelle mir vor, wie es mir gehen mag, wenn man mir mit Anfang fünfzig sagt, dass ich aussehe wie Anfang vierzig. Würde es einen Unterschied dafür machen, wie ich mich wahrnehme? Ich habe meine Falten, als sie weg waren, nicht vermisst. Aber ich denke, mit Blick nach vorn, darüber nach, ob ich sie so betrachten könnte: Nicht als etwas, das mich runterzieht, sondern wie Rettungslinien, die mich in einem jeweiligen Moment meines Lebens verankern. Denn wenn auf meinem Gesicht keine Zeit vergeht, nehme ich mir damit nicht die Erfahrung vorweg, sie zu erleben, im Guten wie im Schlechten? Oder werden es viele andere Eindrücke abseits meines Aussehens sein, die mir das Gefühl geben, in meinen Fünfzigern zu sein, so wie mich all meine bisherigen Erfahrungen vielleicht nicht weise gemacht haben, aber trotz allem: über vierzig?

Ich habe festgestellt, dass eine weitere Annahme über Frauen im Alter nicht stimmt, nämlich die, dass man sie niemals nach ihrem Alter fragen sollte. Ich werde jedenfalls gerne gefragt. Nicht um zu hören, dass ich jünger aussehe, sondern weil die Zahl für so viel mehr steht als für mein Gesicht.

Es wäre leichter (und billiger) gewesen, zu einer Überzeugung zu gelangen, ohne Botox auszuprobieren. Oder es auszuprobieren und vom Gegenteil überzeugt zu werden. Aber ich habe gut dreißig Jahre gebraucht, um mich an mein Aussehen zu gewöhnen. Ich gestehe mir zu, dass ich mir ein wenig Zeit nehmen darf, um zu überlegen, wie es weitergeht.

Als ich mit diesem Kapitel anfing, notierte ich mir ein Zitat der umwerfenden Schauspielerin Charlotte Rampling, deren Fotos ich zwar nicht in meine Notizbücher klebe wie früher die Bilder von Kate Moss, aber deren Looks aus den Siebzigerjahren, als sie, ich habe nachgeschaut, doch tatsächlich Anfang dreißig war, ich auf Pinterest sammele. Es lautet: «Du musst warten. Du darfst keine Panik bekommen, keine Angst haben und dein Gesicht nicht verändern. Dein Gesicht muss mit dir wachsen, weil die Menschen dann wissen, wie alt du bist. [...] Es ist egal, wie alt das ist, das Problem entsteht, wenn Frauen nicht mit ihren Gesichtern leben können, während sie altern. Der Furcht einflößende Punkt wird kommen, wenn sich dein Gesicht verändert und du eingreifen willst. Aber wenn du diesen Prozess aushältst, und er dauert ziemlich lange, gut zehn Jahre, dann stellst du fest, dass du in dein Gesicht hineingewachsen bist.»

In dein Gesicht hineingewachsen – schön, nicht?

Und nun versuchen Sie, dieses Zitat einfach so stehen zu lassen und nicht nachzuschauen, wie Charlotte Rampling heute aussieht, und ob Sie finden, dass es gut oder schlecht ist – für ihr Alter.

Falls Sie das Handy doch schon in der Hand haben: Direkt mal die Kamera im Front-Modus öffnen. Und annehmen, dass auch dieses Gesicht dazugehört.

WIE WOLLEN WIR ALT WERDEN?

Über den Umgang mit dem Tod und
den Glauben an die Hoffnung

Die WhatsApp-Gruppe der Freundinnen, mit denen ich zu Anfang dieses Buches den 40. Geburtstag einer von ihnen feierte, trägt den Namen «Golden Girls». Wir schicken darin vor allem GIFs von den vier namengebenden Seniorinnen aus der TV-Serie hin und her. Ich favorisiere alles, in dem Bea Arthur alias Dorothy Zbornak einen grundsätzlich unbeeindruckten Gesichtsausdruck trägt. Es ist der Ausdruck, von dem ich hoffe, dass auch ich ihn trage, wenn man mir Harry Styles zu erklären versucht oder jemand das Handy beim Telefonieren waagerecht vor den Mund hält. Ich verstehe das einfach nicht. Was soll das?

Auf den Namen für die Gruppe kamen wir aber nicht als Anspielung auf unser fortschreitendes Alter, sondern wegen C. Die Geburtstagsparty, auf der wir zusammenkamen, war kaum ein paar Gin Tonics alt, als C. uns zusammenrief. Sie habe nachgedacht. Was machen wir, wenn unsere Männer nicht mehr da sind? Wir lachten. Sie sagte, sie meine das ganz ernst. Statistisch gesehen werden wir unsere Männer um einige Jahre überleben. «Ich habe keine Lust, allein in einer kleinen Wohnung zu sitzen und darauf zu warten, dass mich meine beiden Söhne ab und zu mal besuchen kommen. Wir brauchen einen Plan! Eine WG! Wie in *Golden Girls*. Lasst uns sofort anfangen zu sparen! Seid ihr dabei?» Dann tänzelte sie Richtung ihres Ehemanns.

Seit diesem Abend fantasieren wir immer mal wieder davon, wo unser Altersruhesitz liegen soll und wie wir uns genug Kleiderschrankplatz für alle Kaftane leisten können. Es erinnert mich an den Pakt, den ich mit meiner besten Freundin aus der Kindheit schloss, dass wir einander heiraten würden, wenn wir bis dreißig keine Ehemänner gefunden hätten. Mit dem Unterschied, dass sich meine Vorstellungen, welche Bedeutung die Ehe hat, gewandelt haben – der größte Sinn daran ist nicht, nicht allein zu sein –, mich das Abkommen, das Alter gemeinsam zu verbringen, dagegen überzeugt.

Ist es makaber, jetzt schon darüber nachzudenken, wie das alles einmal ausgehen wird? An dem Abend, an dem die «Golden Girls» geboren wurden, waren wir schließlich sehr am Leben. S. zeigte all ihre als Yogalehrerin antrainierte Flexibilität bei waghalsigen Tanzbewegungen. M. hielt bis fünf Uhr morgens durch. C. schenkte nach, als gäbe es keine Konsequenzen. Gedanken an das Alter, das *echte* Alter, nicht dieser aktuell stattfindende Prolog, waren weit weg. So gut unser Plan in der Theorie war: Keine von uns würde in der nächsten Zeit ein Konto für den gemeinsamen Ruhesitz eröffnen. Noch weiter weg schien nur das, was danach kommen würde.

Als wir vier einige Monate später unseren Wochenend-Trip ans Meer machten, saßen M. und ich einmal allein im Auto. Wir hatten nicht in Ruhe geredet, seitdem ihre Mutter an Krebs, diesem verdammten Krebs, gestorben war. Nun erzählte sie mir von ihrem Vater. Sie würden gerade ein Altersheim für ihn in Spanien suchen, seiner Wahlheimat, denn nach Dänemark, seinem Geburtsort, und in die dunklen Winter wollte er nicht zurück. Er hatte Alzheimer, aber darin war er ganz klar. Sie erzählte von der Schwierigkeit, nicht in seiner Nähe zu sein, und ihrer Überlegung, ihn doch zu sich, in ihr Haus in Kopenhagen, zu holen. Die Pflegerin des Vaters habe ihr empathisch davon abgeraten. Er hatte sein Leben. Sie müsse nun ihres leben. Die Belastung wäre zu groß. Oft, sagte sie, wisse er nach ihren Besuchen nicht mehr, dass sie gerade dort gewesen war. «Eines Tages, ganz bald, wird er mich nicht mehr erkennen», sagte sie auch und schaute raus auf die vorbeiziehende Landschaft. Ich nahm ihre Hand, weil ich nicht wusste, was ich sonst hätte tun können.

«Es tut mir leid» schien der Größe dessen, was auf sie und ihren Vater zukommen würde, nicht angemessen. Das Ende entzieht sich den Worten. Es ist zu schwer. Zu traurig. Ich bringe es kaum fertig, das Wort Tod zu tippen. Dabei dachte ich, es würde mir leichter fallen, darüber zu schreiben, wenn ich mir das Kapitel bis zum Schluss aufsparen würde. Eine im Nachhinein lächerliche Idee. Es gibt keine Autorschaft über den Schluss, so wie bei einem finalen Satz, auf den man sich hin redigieren kann, bis er perfekt ist. Auch wenn man sich einbildet, dass es so sein könnte, sollte man mit Ende neunzig friedlich einschlafen und vorher alles geklärt und geregelt haben. In *Tea with the Dames*, dem Dokumentarfilm über den Damenzirkel um die Schauspielerin Judi Dench – ich erwähnte ihn an anderer Stelle –, sprechen die Freundinnen über eine gemeinsame Bekannte, die ihre Beerdigung bereits geplant habe, obwohl sie gesund und munter war. Ob sie das auch gemacht hätte, wird die zum Zeitpunkt des Drehs rund neunzigjährige Dench gefragt. Nein, sagt sie resolut. Warum nicht? «Weil ich nicht sterben werde.» Und wie sie so dasitzt, mit schelmisch blitzenden Augen, möchte man ihr das nur allzu gerne glauben und keinen weiteren Gedanken an den Tod verschwenden, oder gar darüber reden, und auch nicht davon schreiben.

Und doch sind die Gedanken da, wo sie bis vor Kurzem noch nicht waren. Eine Konsequenz dieses Alters, in dem der Anfang weiter entfernt scheint als das Ende. Nein, nicht scheint. Es womöglich ist. Plötzlich sind Gedanken wie der, dass man einen Großteil seines Lebens wahrscheinlich schon gelebt hat, ganz nah. Ich erlebe ihn immer häufiger. Auf der Autofahrt mit M. Bei jeder Nachricht von Menschen im etwa gleichen Alter, die krank werden. Selbst in Momenten großer Freude, wie heute, als ich meiner Mama und meinem Sohn beim Spielen zusah. Sie lagen zusammen in einer großen Schaukel, er krakelte nach mehr Tempo, meine Mama lachte, und mit einem Mal dachte ich: Eines Tages wird das alles vorbei sein.

Dann ging ich zu ihnen und ließ den Moment an mir vorbeiziehen. Zu unerträglich, um mich länger auf ihn einzulassen. Kann man sich daran gewöhnen? Wenn ja, wie?

Ich kann mir dafür noch ein wenig mehr Zeit ausrechnen. Meine Eltern sind gesund und aktiv. Mein Papa hat in den letzten Jahren Italienisch gelernt und vor Kurzem das Dach ihres Ferienhauses selbst neu gedeckt. Meine Mama bereitet sich auf ihre bevorstehende Rente vor, indem sie Yogakurse an der Volkshochschule recherchiert und ehrenamtlich weiterarbeitet. Aber ich weiß auch, dass sie die Einsamkeit beschäftigt, wenn immer mehr von denen gehen, die sie den Großteil ihres Lebens begleitet haben. Dabei könnte auch sie sich noch mehr Zeit ausrechnen. Ihre Eltern, meine Mormor und mein Morfar, werden die Pensionierung ihrer Tochter erleben. Sie sind zwar nicht mehr ganz so aktiv wie einst, aber haben all ihre Krankheiten mit einer Willensstärke ausgestanden, die bemerkenswert ist, während die Zeit größere und größere Stücke von ihnen abträgt. Die beiden sind gerade noch einmal umgezogen. Sie wohnen jetzt wieder zur Miete. Morfar ist direkt zum Anlageberater gegangen, um zu schauen, was er mit dem Geld vom Verkauf des Hauses, in dem sie zuvor gewohnt hatten, noch so anstellen könnte. Diese Zuversicht wünsche ich mir. Und eine Weitsicht. Meine Eltern haben ihr Haus, das Haus, in dem ich aufgewachsen bin, so umgebaut, dass sie dort auch im späteren Alter leben könnten, wenn die Treppen nicht mehr so leicht zu bewältigen sind.

Wenn ich, gerade am Anfang der Pandemie, als der übliche Alltag gedrosselt war, zu ihnen fuhr, überlegte ich, wie es wohl wäre, wieder dorthin zu ziehen, in die norddeutsche Kleinstadt, in der ich aufgewachsen bin. Mit allen Wegen, die ich kenne. Der Vertrautheit des bereits Erlebten. Unser Sohn wäre näher an zumindest diesen Großeltern. Eines Tages stand ich bei einem meiner Spaziergänge vor einem Bungalow, er mag aus den Siebzigerjahren gewesen sein, der leer geräumt war, das Abrissunternehmen hatte schon die Bauwagen auf das Grundstück gestellt. Ich lief ums Haus. Die Küche hatte ein großes Fenster mit einem Blick auf die Wiesen, in denen ich als Kind gespielt hatte. Ich sah mich für einen Moment dort am Fenster stehen und meinen Sohn am gleichen Ort toben. Der Gedanke verflüchtigte sich, sobald Berlin wieder mehr zum Zuhause wurde als bloß die Stadt, in der wir die Wohnung nicht verlassen konnten. Außerdem gäbe es auf dem Land nicht die gleichen Möglichkeiten für die therapeutische und schulische Begleitung unseres Sohnes. Unser Platz ist dort, wo wir gerade sind. Für jetzt. Aber ich habe angefangen zu recherchieren. Gucke in die Immobilienportale. Für später.

Ich hoffe, das Später kommt nicht allzu schnell. Mormor sagte einmal mit der ihr typisch gefassten Art, dass man sich ebenso gleich unter die Erde begeben könnte, wenn man aufhöre, Pläne zu machen. Zu meinen Plänen gehören nun auch eine Sorgerechts- und eine Patientenverfügung. Meine Eltern haben mit meinem Bruder und mir ihr Testament besprochen. Das ist das Praktische. Das tatsächlich, wenn man es einmal erledigt hat, so etwas wie Beruhigung schafft, weil die, die bleiben, nicht mit Entscheidungen belastet werden. Mein Mann kennt, sollte ich entgegen aller Statistik doch vor ihm sterben, meine Passwörter. Er müsste damit auch mit meinen E-Mails zurechtkommen, weswegen ich mich aber nicht allzu schlecht fühle, er ist schließlich derjenige, der noch am Leben ist.

Ich flachse. Doch was soll ich sonst tun? Das Emotionale lässt sich schwer beschreiben. Es gibt wenige Worte für das Gefühl um die eigene Endlichkeit, das in eine Phase fällt, für die es auch kaum Beschreibungen gibt: die Zeit, in der man sich gleichzeitig um die aufwachsenden Kinder kümmert und die schwindenden Eltern, die bald in der Fürsorge und Pflege, die sie brauchen werden, wieder zu Kindern werden. Wenn man zur Matriarchin der Familien wird, derer, in die man geboren wurde, und der selbst gewählten. In denen die Beziehungen auch nicht immer gut sind und man trotzdem in der Verantwortung ist. Oft sind es die Frauen, die diese Rolle übernehmen. In Deutschland machen sie mehr als Zweidrittel derjenigen aus, die sich um Pflegebedürftige zu Hause kümmern, und rund 80 Prozent derer, die in Pflegeberufen arbeiten. Genug, sollte man meinen, dass man nicht nur viel mehr Wörter dafür finden müsste, sondern mehr Wertschätzung, um die Bedeutsamkeit dieser Aufgabe zu würdigen. Es könnte dabei helfen, sich besser und mit mehr Kraft auf die Rolle vorzubereiten, die im nächsten Lebensabschnitt auf einen wartet. Heute kann ich meinen Eltern damit helfen, indem ich einen neuen Virenschutz auf ihrem Rechner installiere. Bald muss ich ihnen vielleicht die Pillendosen befüllen.

Im Moment solcher Überlegungen kommt mir die Idee vom Lebensabend als Golden Girl albern vor. Man kann die besten Pläne machen, aber ist es nicht doch egal? Im letzten Jahr ist der Vater meines Mannes gestorben. Der Anruf kam mitten ins Leben hinein. Unser Sohn saß in der Badewanne, mein Mann auf einem Hocker daneben, als sein Handy klingelte. Er kam ins Wohnzimmer und deutete mir an, im Bad zu übernehmen, es sei etwas Ernstes. Nach dem Gespräch blieb er eine ganze Weile auf dem Sofa sitzen. «Sie haben etwas bei ihm gefunden. Speiseröhre. Es hat schon gestreut.» Kaum drei Monate später war er tot. Der, der bis kurz vor der Diagnose noch auf dem Crosstrainer stand und täglich zwei Stunden mit dem Hund spazieren ging. Mein Mann konnte ihn noch einmal besuchen – das Reisen zwischen Deutschland und England war damals überhaupt nur mit einer Serie von Tests und Quarantänen möglich. Sie saßen zusammen, guckten Wimbledon und redeten über Fußball. So, wie sie es immer getan hatten. Mein Mann ist unendlich dankbar für diese drei Tage mit ihm. Es ist trotzdem nicht genug. Es ist niemals genug. Sein Vater wollte nicht sterben. Am schwersten, sagte mein Mann einmal, ist es, dass ich nie wieder seine Stimme hören werde. Ich kann ihn nicht mehr anrufen und ihm davon erzählen, wie es unserem Sohn geht. Er wird mir nie mehr sagen, dass Liverpool der bessere Verein ist als Arsenal. In seiner Rede bei der Trauerfeier, auf der niemand Schwarz trug, das hatte sich sein Vater, der selbst nie Schwarz getragen hatte, noch gewünscht, sprach mein Mann von seinem Sinn für Schabernack und seiner unerklärlichen Angst vor Fröschen. Lichte Erinnerungen im Dunkel. Man trägt beides in sich. Man lernt, damit zu leben, aber man gewöhnt sich nicht daran.

Über meinem Schreibtisch, in einer kleinen Schale, lag über viele Monate ein USB-Stick mit Aufnahmen meiner jüngeren Schwester. Mein Papa digitalisiert gerade die alten Videoaufnahmen von unserer Familie. Der Stick steckt in einem kleinen Kuvert, auf den er ein rotes Herz geklebt hatte. Manchmal sah ich das Herz an, dann legte ich das Kuvert wieder zurück in die Schale. Ich hatte Angst, mir die Filme anzusehen. Ich wusste, wie schwer es sein würde. Vor Kurzem habe ich die Aufnahmen schließlich doch angeguckt. Es sind einige wenige Clips, von ihrer Taufe und auf dem Arm von Mormor, aus einem kurzen Leben. Sie starb, als sie nicht mal ein Jahr alt war, an plötzlichem Kindstod. Das Blaulicht des Krankenwagens, das sich an den Wänden in unserer Küche reflektierte, ist meine erste Erinnerung. Ich war vier. Die Trauer ist auch heute noch da, obwohl das nun fast vierzig Jahre her ist. Wie mag es da erst meinen Eltern gehen?

An einem Sommertag stehe ich mit meinem Papa in der Küche des Ferienhauses in Dänemark, eines dieser Orte, die meine Eltern als Heimat für unsere Familie geschaffen haben, nachdem meine Schwester uns längst verlassen hatte und nachdem mein Bruder gekommen war, und spüle Geschirr. Papa trocknet ab. Ich erzähle ihm, dass ich mir den Film angeschaut habe, und sage, wie schwer das damals gewesen sein muss. Er nickt. Dann sagt er: «Nicht nur ihr Tod war Teil unseres Lebens, sondern ihr Leben.» Er fragt, wie ich mit dem Kapitel über den Tod vorankommen würde. Schleppend, sage ich. Man denke ja auch nicht gerne darüber nach, sagt er. «Man stellt sich vor, es könnte ewig so weitergehen. Aber das, was dem Ganzen Bedeutung gibt, ist, dass es eines Tages endet.» Der Wunsch, dass alles endlos sei, kann nur entstehen, weil es endlich ist. Dann gehen wir ins Wohnzimmer und spielen eine Runde *Das verrückte Labyrinth*, mein eigenes altes Spiel, mit meinem Sohn, in der der Kleine uns alle foppen will, und das Ganze geht weiter. Für jetzt.

Später an diesem Tag fällt mir eine Unterhaltung mit O. ein, in der sie fragte, wie sie die Zeit finden soll, den Sinn des Lebens zu finden, wenn es wieder nur ein Tag war, an dem sie dreimal abgespült hat. Vielleicht genau dort: in diesen alltäglichen Dingen, im Gespräch mit jemandem, den man liebt.

Auf einer meiner Fahrten zu meinen Eltern höre ich eines Tages einen Podcast mit Alua Arthur, einer US-amerikanischen Death Doula, einer Sterbebegleiterin, die Menschen in den Tod begleitet, so wie Geburtshelfer*innen Menschen ins Leben holen. Sie erzählt im Gespräch davon, wie sie sich ihren eigenen Tod vorstellt. Am Ende, sagt sie, muss es nicht so kommen. Aber ihn zu visualisieren, *the good death*, helfe dabei, die Werte auszurichten, die das Leben bestimmen sollen. «Jedes Mal, wenn ich eine Entscheidung treffe, versuche ich mir vorzustellen, ich liege auf meinem Sterbebett, um zu entscheiden: Wäre ich froh, es getan zu haben; unglücklich, es nicht getan zu haben; oder ist es ohne Belang?» Sie sagt auch: «Wir können uns gleichzeitig vorbereiten und hoffnungsvoll sein.»

Was Alua Arthur beschreibt, finde ich, in anderen Worten, auch in dem letzten Buch, das Nora Ephron geschrieben hat: «I aim low. My idea of a perfect day is a frozen custard at Shake Shack and a walk in the park.» Ich glaube, was sie mit «I aim low» meinte, ist nicht, dass sie ihre Ansprüche niedrig hielt, sondern auf die Kleinigkeiten im Leben setzte. Ist das alles? Pudding und Spaziergänge im Park? Ich weiß es nicht. Wie kann man es je wirklich wissen, bis es so weit ist? Wie kann man die Unfairness des Todes, die Unausweichlichkeit des Alters fassen? Es ist gut möglich, dass es nie dazu kommen wird, dass meine Freundinnen und ich eines Tages in einer lustigen WG zusammensitzen, Mitte neunzig, quietschfidel. Aber in einem bin ich mir sicher: Die nächste Reise mit diesen drei Frauen wird kommen. Wir planen sie gerade, in der Mitte von allem, von wachsenden Kindern und alternden Eltern. Wir, die wir mittendrin stecken.

WORAUF WILL ICH ZURÜCKBLICKEN?

Über Prioritäten, Torten und unbeschriebene Blätter

Du hast deine Großeltern angerufen. Einfach nur so. Oft.

Und deine Eltern.

Du hast verweilt. Im Duft der Haare deines Kindes. In der Umarmung deines Mannes. In der Gesellschaft der Frauen, die dir etwas bedeuten.

Du hast ihnen gesagt, was sie dir bedeuten. Gerade wenn es dir rührselig vorkam.

Mehr rühren in der Seele.

Du hast dich von denen verabschiedet, in deren Gesellschaft du dich einsam fühltest.

Du hast den Unterschied erkannt zwischen Selbstironie und Selbstherabsetzung. Im Zweifel: Nimm das Kompliment an. Du hast es verdient.

Du hast die Zwei-Faktor-Authentifizierung aktiviert – bevor jemand Lösegeld in Bitcoin verlangt hat, um deine Accounts freizugeben.

Du hast «Tu, was du liebst, und du wirst niemals arbeiten» abgeheftet, weil es nur in die Irre von Unterbezahlung und Ausnutzung führt, und durch einen Gedanken der klugen Ruby Wax ersetzt: «Lasst uns für unsere Interessen bezahlt werden.»

Mehr «Lass uns uns morgen treffen» und weniger «Wir sollten uns öfter sehen».

Du bist für dich eingestanden.

Du hast die harten Gespräche geführt. Die, die du hasst. Weil sich nicht alles durch Selbstgespräche lösen lässt.

Konfliktscheu, schüchtern, ängstlich – du solltest dir nicht alles glauben, was du dir über dich selbst erzählst.

Du hast es genossen, zu ausgesprochenen Scheusalen besonders freundlich zu sein. Und zu sehen, wie es sie komplett verwirrt.

Du hast dir schätzungsweise 257 Mal das Video angesehen, in dem der Schauspieler Stanley Tucci seiner Frau einen Old Fashioned mixt. Kein Mal war vergeudet.

Du hast Dinge ausprobiert, von denen du dachtest, du hättest keine Zeit oder keinen Kopf, sie zu verstehen. Für jede Kunstausstellung, die dich ratlos gemacht hat; jedes Gedicht, das sich dir entzogen hat; jeden Französischkurs, den du abgebrochen hast; jedes Konzert einer Band, die dir am Ende doch nichts sagte; jedes Skateboard, das in der Ecke verstaubt, hast du etwas anderes entdeckt, das dich bewegt hat.

Du warst tanzen.

Du hast mehr Geld für ein vernünftiges Sofa ausgegeben als für Duftkerzen.

Wobei du dich darauf nicht verlassen solltest.

Du hast das Kleid, das nur in der Vorstellung funktioniert, nicht gekauft.

Wobei du dich darauf nicht verlassen solltest.

Du hast dich nicht mehr darüber geärgert, dass der dritte Tag eines Urlaubs ausnahmslos in jedem Urlaub eine Katastrophe ist, und dich stattdessen auf den vierten Tag gefreut.

Mehr «Nein» und weniger «Ja (obwohl ich lieber Nein sagen würde)».

Du hast, sehr wahrscheinlich, nicht jeden Tag zwei Liter Wasser getrunken. Du hast das, sehr wahrscheinlich, überlebt.

Du hast nachgefragt, wenn du etwas nicht verstanden hast.

Ich hoffe, du hast die Geister ziehen lassen. Von längst beendeten Beziehungen. Von altem Streit. Von Trauma. Von Momenten, in denen du etwas hättest sagen sollen, dich aber der Mut verlassen hat. Von Enttäuschungen – denen, die dir zugefügt wurden, und denen, die du anderen zugefügt hast.

Wenn es angebracht war, hast du dich allerdings entschuldigt.

Keine Entschuldigungen mehr, dass es «so chaotisch» ist, sobald jemand die Wohnung betritt. Das akzeptierst du auch nicht mehr von Freundinnen. Wirklich, wir sollten gestern damit aufgehört haben, um Verzeihung zu bitten, dass unsere Zuhause so aussehen, als würden darin Menschen leben.

Du hast dich gestritten. Wenn es darauf ankam.

Wenig war so schlimm, wie du es dir ausgemalt hast.

Vieles war besser als erwartet.

Du hast deine mentale Gesundheit nicht riskiert, um höflich zu sein.

Entgegenkommen von anderen: sehr willkommen, unbedingt annehmen.

Du bist in Situationen gegangen, in denen du dir wie eine Hochstaplerin vorkamst – und bist nicht gestürzt.

Du hast an das Gute geglaubt.

Das Knirschen eines Buchrückens beim Aufschlagen der ersten Seite. Die Atemlosigkeit beim Eintauchen in die kalte Ostsee. Nasse Füße auf warmen Holzverandas. Rührei. Und Kaffee. Und das Knacken beim Öffnen von Erbsenschoten. Die ersten dreißig Sekunden von «Movin' on up» von Primal Scream. Und die restlichen drei Minuten. An Verbindlichkeit. An Romantik. An Güte. An Torten.

Überhaupt: Torten. Mehr davon.

Weniger nachholen, mehr jetzt holen.

Du hast die Phasen deines Lebens nicht mit seiner Totalität verwechselt.

Du hast mehr Tage mit einem leeren Blatt Papier begonnen als mit einem gefüllten.

DANK

Ich danke den Frauen, deren Rat, Witz, Klugheit, Einsichten, Händchenhalten, Bereitschaft zum Nachschenken, Zeit zum Telefonieren und Spontaneität beim Kauf von Flugtickets mein Schreiben begleitet haben. Viele von ihnen habe ich zitiert. Alle haben zu diesem Buch beigetragen: Alexa, Camilla, Elisabeth, Julia F., Julia S., Julia W., Kristin, Lydia, Maria, Mette, Miriam, Monya, Mosch, Okka, Sandra S., Sandra W.-L., Sidsel, Stefanie, Suzanne, Tina. Mit euch möchte ich alt werden.

Stese Wagner für ihre Zeit und ihr Wissen.

Julia Suchorski, meiner Lektorin. Für die Frage, ob ich dieses Buch schreiben würde. Für das Verständnis, als ich es verschoben habe. Fürs Anfeuern und Mitfiebern. Und für die Idee zum letzten Kapitel.

Edgar Illert und Matthias Wendt für den Feinschliff.

Meinen Eltern, die mir wochenweise Platz und Ruhe zum Arbeiten gegeben haben und darüber hinaus alles, worauf es ankommt.

Meinem Sohn, der alles verändert hat.

Meinem unerschütterlichen Mann, der mich in der Zeit, in der dieses Buch entstand, mit so viel Gleichmut, Verständnis und Liebe bestärkt hat, dass ich mich dafür wahrscheinlich nur revanchieren kann, indem ich doch noch versuche, Cricket zu begreifen. Ich hoffe, ich habe dafür noch sehr viele gemeinsame Jahre Zeit.

LITERATUR- UND
QUELLENVERZEICHNIS

EINLEITUNG

Breaking the Age Code, Becca Levy PhD, HarperCollins, 2022

«Wir verlieren unseren Status als sexuelles Objekt», Interview von Julia Rothhaas, *Süddeutsche Zeitung*, 28. Januar 2022

SIND WIR SCHON DA?

«Walk, run or wheelbarrow: We moved our bodies forward during the pandemic», von Allison Glock, espn.com/espnw, 31. Dezember 2020

«This column will change your life: A step in the right direction», von Oliver Burkeman, *The Guardian*, 24. Juli 2010

«Giving up the Ghost», von Hilary Mantel, *London Review of Books*, Vol. 25, No. 1, 2, Januar 2003

«The Midlife Crisis», von Kieran Setiya, *Philosophers' Imprint*, Vol. 14, No. 31, November 2014

«Go for a Walk», von Arthur C. Brooks, *The Atlantic*, 16. September 2021

«What if you never sort your life out?», von Oliver Burkeman, oliverburkeman.com, zuletzt aufgerufen am 14. August 2022

«Ariel's View», von Vanessa Grigoriadis, *Porter Magazine*, Issue 19, Spring 2017

GEHT DAS NOCH BESSER?

«How Goop's Haters Made Gwyneth Paltrow's Company Worth $250 Million», von Taffy Brodesser-Akner, *The New York Times Magazine*, 25. Juli 2018

«Eye of the Beholder», von Linda Wells, airmail.news, 5. März 2022

«Washing dishes to wash the dishes: brief instruction in an informal mindfulness practice», von Adam W. Hanley, Alia Warner, Vinny Malik Dehili, Angela I. Canto und Eric Garland, *Mindfulness*, Oktober 2015

«Gwyneth's Ark: sailing towards wellness but never quite getting there», von Marina Hyde, *The Guardian*, 30. April 2021

Radikale Selbstfürsorge. Jetzt! Eine feministische Perspektive, von Svenja Gräfen, Eden Books, 2021

«The Reigning Queen of Pandemic Yoga», von Molly Young, *The New York Times Magazine*, 25. November 2020

HABEN SIE MEINE E-MAIL ERHALTEN?

Repräsentative Umfrage des Digitalverbands Bitkom, bitkom.org, Januar 2021, zuletzt aufgerufen am 18. August 2022

WIE VERGEHT DIE FURCHT?

«Situation schwerbehinderter Menschen» aus dem Bericht «Blickpunkt Arbeitsmarkt», Bundesagentur für Arbeit, Juli 2019

BLEIBST DU NOCH?

«When to stop dating and settle down, according to math», von Ana Swanson, *The Washington Post*, 16. Februar 2016

«Love Is Not a Permanent State of Enthusiasm: An Interview with Esther Perel», von Alexandra Schwartz, *The New Yorker*, 9. Dezember 2018

«‹Get into bed and see what happens› and nine other tips to revive a tired relationship», von Nell Frizzell, *The Guardian*, 14. Februar 2022

«Mütter haben unterschiedliche Erwerbswünsche und erwerbsbezogene Normen», Wido Geis-Thöne, IW-Report Nr. 28, 11. August 2021

«Warum viele Mütter nicht arbeiten – obwohl sie wollen», von Bernd Kramer, *Süddeutsche Zeitung*, 11. August 2021

«Child Penalties Across Countries: Evidence and Explanations», von Henrik Kleven, Camille Landais, Johanna Posch, Andreas Steinhauer und Josef Zweimüller, 2019

«Für Frauen sind Kinder beim Gehalt eine Strafe», Interview von Larissa Holzki, *Süddeutsche Zeitung*, 28. Januar 2019

«Werde ich einmal arm sein?», von Pia Ratzesberger, *Süddeutsche Zeitung*, 10./11. April 2021

«Familie heute. Daten, Fakten, Trends – Familienreport 2020», Bundesministerium für Familie, Senioren, Frauen und Jugend, 23. Dezember 2020

«Alleinerziehende und ihre Kinder überproportional von Armut betroffen», *ZEITOnline*, 15. Juli 2021

Was wir Frauen wollen, Isabel Allende, Suhrkamp, 2021

«Großartiger Sex erfordert eine tiefe Intimität», Interview von Susanne Donner, *SZ Magazin*, 11. März 2022

«This Old Man», von Roger Angell, *The New Yorker*, 9. Februar 2014

WER HAT DICH EIGENTLICH GEFRAGT?

«Frauen verdienen 18 Prozent weniger», tagesschau.de, 9. März 2021

«Warum arbeiten gerade Frauen oft in Teilzeit?», was-verdient-die-frau.de vom DGB, 18. Februar 2021

Gleichstellungsindex 2020 des Statistischen Bundesamts

«Global Gender Gap Report 2021», World Economic Forum, März 2021

LITERATUR- UND QUELLENVERZEICHNIS

IST DAS NORMAL?

«Why Is Perimenopause Still Such a Mystery», von Jessica Grose, *The New York Times*, 29. April 2021

«Majority of working women experiencing the menopause say it has a negative impact on them at work», CIPD.co.uk, 26. März 2019

HAT SIE ODER HAT SIE NICHT?

«Beyond the beauty of occlusion: medical masks increase facial attractiveness more then other face coverings», Oliver Hies und Michael B. Lewis, Cognitive Research; Principles and Implications, 2022

More Than a Woman, Caitlin Moran, Ebury Press, 2020

«Body Positivity Is a Scam», von Amanda Mull, vox.com, 5. Juni 2018

«And Just Like That ... Carrie's Back! Sarah Jessica Parker Opens Up About a Grand Return», von Naomi Fry, *Vogue*, Dezember 2021